CAUSA DE MUERTE:
Cuestionar al poder

ALEJANDRA IBARRA CHAOUL

CAUSA DE MUERTE:
Cuestionar al poder

Acoso y asesinato de periodistas en México

AGUILAR IDEAS

El papel utilizado para la impresión de este libro ha sido fabricado a partir de madera procedente de bosques y plantaciones gestionadas con los más altos estándares ambientales, garantizando una explotación de los recursos sostenible con el medio ambiente y beneficiosa para las personas.

Penguin Random House Grupo Editorial

Causa de muerte: cuestionar al poder
Acoso y asesinato de periodistas en México

Primera edición: julio, 2023

penguinlibros.com

ISBN: 978-607-383-287-8

Impreso en México – *Printed in Mexico*

Para Jorge

Para todxs lxs reporterxs locales
y periodistas ciudadanos que informan y convocan,
mejorando la calidad de vida de sus comunidades.

Writers —journalists, essayists, bloggers, poets, playwrites—can disturb the social oppresion that funcions like a coma on the population, a coma despots call peace, and they stanch the blood flow of war that hawks and profiteers thrill to.

Toni Morrison

ÍNDICE

INTRODUCCIÓN

Este es un libro de ensayos sobre violencia letal contra periodistas en México, también es un libro de hipótesis sin comprobar. En los siguientes capítulos, la persona que los lea encontrará historias verídicas de periodistas asesinados en México con explicaciones factibles y viables que pueden ayudar a esclarecer los homicidios. En algunos casos hay sospechas fundadas, como amenazas registradas por organismos internacionales, confesiones juradas en cortes estadounidenses u órdenes de aprehensión giradas para el arresto de los presuntos responsables. En otros casos no hay nada más que un ejercicio de la imaginación ante el silencio y la opacidad de las instituciones de justicia.

El propósito de este libro es tratar de explicar *por qué* matan a periodistas en nuestro país, no sobre *quién* lo hizo. Busco entender, desde una mirada novedosa, el motivo detrás de los homicidios de reporteros en el país más peligroso para ejercer el periodismo en el hemisferio occidental, y uno de los más letales para los reporteros en todo el mundo. Lejos de la explicación floja y generalizada que responsabiliza "al narco" —ese ente amorfo y omnipresente— por estos homicidios, las siguientes historias proponen una aproximación diferente.

Para plantear esta explicación fue necesario hacer un ejercicio de imaginación, proyectando quién podría tener interés en mandar a matar a los reporteros. Por supuesto, sería más sencillo probar el mecanismo que aquí propongo si el país resolviera más del 1% de los delitos que se cometen en México.[1] Ante la falta de respuestas oficiales, sin embargo, invito al/la lector/a a embarcarse conmigo en este texto como el ejercicio hipotético que es. Lo que significa que ninguno de los casos que presentaré cuenta con un autor intelectual condenado. De los casos contenidos en este libro, nadie fue juzgado y sentenciado por dar la orden de asesinar a un o una periodista.

Estos ensayos nacen a partir del trabajo periodístico y la investigación, es información recabada con años de observación, documentación y conservación de trabajos periodísticos de víctimas de homicidio y de las anécdotas de sus conocidos. En los siguientes capítulos, el/la lector/a encontrará mi afán incansable por entender la violencia contra la prensa. Mi explicación, en términos generales, es la siguiente: en México, matan a periodistas ciudadanos y reporteros locales, personas respetadas en sus comunidades y capaces de promover la participación social, cuando toman postura frente a un hecho, cuestionan al poder de su localidad y su narrativa dominante en un momento en que el poder (político o criminal) está atravesando por un periodo de inestabilidad. Si lo pensáramos como una lista de requisitos para matar, ésta sería la siguiente:

- Periodista ciudadano/a o reportero/a local.
- Respetado/a por su comunidad.
- Con la capacidad de promover la participación social.
- Tomó postura frente a un hecho.

- Cuestionó al poder (político o criminal) y su narrativa dominante.
- El poder estaba atravesando un periodo de inestabilidad.

Más adelante, conforme presente los casos paradigmáticos de este libro, veremos ejemplos sobre a qué me refiero con participación social, pero vale la pena adelantar que ésta puede tomar muchas formas. En un caso es exigir rendición de cuentas al alcalde; en otro es expresar opiniones sobre el liderazgo del capo perteneciente al cartel dominante en la región; en otros será tomar parte en manifestaciones y protestas. Aunque la participación social pueda tomar distintas formas, de fondo está el involucramiento de los ciudadanos en algún tema que afecta su vida cotidiana. La parte central de la participación social es que permita a la comunidad organizarse o coincidir en exigencias que tendrán consecuencias en la vida pública.

De manera similar, lo que presento como periodo de inestabilidad puede observarse de maneras distintas. En algunos casos, la inestabilidad puede venir de la mano de elecciones populares. Esto no significa que sólo el día de la votación, cuando acuden a las urnas, sea potencialmente violento. Puede ser la precampaña, cuando se están disputando las candidaturas, o la campaña, cuando los candidatos intentan posicionar sus plataformas. Los periodos electorales son relevantes cuando la persona en el poder posee un perfil político.

Los reporteros también pueden cuestionar el liderazgo de un líder criminal. En ese caso, la inestabilidad puede venir, como veremos, con un vacío al frente del grupo delincuencial, ocasionado por un arresto, una extradición o un asesinato del líder del grupo criminal, lo que genera un vacío de poder o una pregunta respecto a la sucesión. Si la persona poderosa en la comunidad fuera un líder sindical, también existiría una etapa distinta de inestabilidad. En cualquiera de estos ejemplos, la inestabilidad produce un vacío o una oportunidad para tomar la posición al frente del grupo, gobierno u organización. Ese momento antes de que se decida la sucesión, es el que propongo como sensible y clave, ya que las opiniones de la comunidad están siendo moldeadas sobre la reputación y capacidades de liderazgo de quienes contienden por el poder.

Tendemos a pensar que el periodismo lo realizan periodistas profesionales a través de plataformas tradicionales como los periódicos, la televisión o las revistas, donde publican entrevistas, reportajes o presentan noticieros cuyo único objetivo es informar sin comprometerse. Si nos quedamos con esa definición, de diccionario, del periodista y su labor, nos estaríamos perdiendo la realidad del periodismo nacional, que es diversa, variada y no siempre se parece a ese periodista que imaginamos. Si nos quedamos con esa definición, estamos invisibilizando la labor de cientos de reporteros locales y periodistas mexicanos y eso puede alimentar la impunidad porque el Gobierno no investigará los homicidios relacionados a la labor periodística si nos los reconoce como comunicadores.

Este libro empezó, de cierta manera, en 2018, cuando recibí un *grant* del The Brown Institute for Media Innovation de la Universidad de Columbia, en Nueva York, con el que emprendí la tarea de encontrar, conservar y catalogar los trabajos de periodistas asesinados en México. La idea partió de una necesidad por conocer a estos reporteros y reporteras por el legado que nos han dejado; en México, en general, sabemos bien que la prensa sufre niveles estrepitosos de violencia, pero es muy raro conocer, de primera mano, el tipo de cobertura que los periodistas asesinados realizaron. Con esa información, quería saber si estos reporteros escribían notas cortas o crónicas, si cubrían para canales de televisión o transmitían programas de radio caseros. Quería conocerlos a través de sus plumas, de sus voces, de los reportajes que publicaron y por los que, suponía, los habían mandado matar. Después de años de recopilar, leer y analizar estos trabajos, pude conocer otra faceta de los reporteros. Supe que eran periodistas cubriendo notas híper locales, como la historia de dos personas alcoholizadas peleándose a machetazos en Veracruz; conocí a la ocurrente YouTuber que publicaba videos satíricos de la política local en Acapulco; pude admirar al repartidor de tortas que, a pesar de un problema de dicción, se convirtió en la fuente principal de información sobre violencia en Playa del Carmen a través de sus transmisiones en vivo por Facebook. Poco a poco, a través de este análisis hemerográfico, entrevistas y trabajo de campo, empecé a identificar elementos que estas personas, sus coberturas, y los crímenes que les quitaron la vida, comparten. También empecé a entender sus diferencias. A través de años de reflexión llegué a las características señaladas y que propongo en este libro. Espero que sirvan para detonar más reflexiones y cuestionamientos que nos acerquen a responder qué pasa en México y por qué en nuestro país tanta gente decide, y puede, asesinar periodistas.

Algunas notas aclaratorias:

- **Sobre el género.** Aunque se mencionan casos de mujeres, elegí casos de hombres como las historias principales de este libro. Esto no es casualidad. Por un lado, hay más periodistas hombres asesinados en México (92%).[2] Eso tampoco es gratuito. Propongo que, en una sociedad machista como la mexicana, a los hombres se les toma más en serio como voces relevantes y potenciales líderes sociales, pero también se les toma más en serio como amenazas al discurso dominante de los poderosos, que es por lo que terminan asesinándolos. En los casos donde han asesinado a reporteras, desde esta perspectiva, propongo la explicación de que sus homicidas las consideraron como pares, como rivales igualmente capaces de representar una amenaza. El machismo en lo local protege, hasta cierto punto, a las mujeres periodistas de la violencia letal.

- **Sobre los testimonios.** Todos los testimonios y citas son literales. Algunas transcripciones tienen cambios mínimos para eliminar interjecciones confusas o para su mejor comprensión. En los casos donde la cita original estaba en inglés, la traducción es mía.

- **Sobre los capítulos.** El libro está organizado por categorías. Esta estructura es una decisión pragmática para darle forma a las historias en que me baso para explicar lo que sucede en el país con nuestros reporteros. El orden pudo ser otro y las categorías distintas. Cualquier intento por clasificar y diseccionar la realidad termina quedándose corto, pues en los hechos, las líneas que dividen y clasifican un caso de otro son más tenues, borrosas y porosas. Las categorías ayudan a ordenar la explicación sólo con propósitos didácticos para este libro.

- **Sobre definiciones.** Hay tres conceptos clave que es importante aclarar antes de iniciar la lectura del texto:

  Censura. A lo largo del libro hablaré sobre censura informativa como una categoría diferente a la censura en términos generales. Con este concepto me refiero al intento por ocultar, desaparecer, destruir, controlar o eliminar un pedazo específico de información. No se refiere al acto de censurar toda la expresión de una o más personas.

  Reporteros locales. El periodismo local cubre información de temas cotidianos como emergencias, seguridad pública, salud, educación, transporte, medio ambiente y política, para una comunidad local definida geográficamente. La información que cubre el periodismo local no es relevante para otra localidad ni tiene un alcance nacional o internacional, reporta lo que pasa día a día en el lugar donde vivimos.

Periodistas ciudadanos. Se les llama periodistas ciudadanos a las personas que, sin tener una preparación formal como periodistas, informan sobre sucesos locales a través de sus propios medios, a menudo publicados en sitios de internet, blogs o redes sociales.

Notas

[1] Redacción. 2021. «El tamaño de la impunidad en México». Impunidad cero. https://www.impunidadcero.org/impunidad-en-mexico/#/.

[2] Redacción. 2022. «Periodistas asesinadas/os en México». Article 19. https://articulo19.org/periodistasasesinados/.

INFORMACIÓN, COMUNIDAD Y PODER

Unlike the mainstream journalists, citizen journalists do not operate on an illusion of freedom from society, but their storytelling is based on a realistic acceptance of the fact that they are situated interpreters of reality in terms of class, gender, race and ethnicity.

Last Moyo

La primera capa de nieve del año cubría las montañas alrededor de la ciudad austral de Ushuaia, en Argentina. Era el otoño de 1982 en el cono sur y tres periodistas británicos acababan de llegar al país. Simon Winchester, corresponsal del periódico *The Sunday Times* y los reporteros Ian Mather y su fotógrafo Anthony Prime de *The Observer*, estaban ahí para cubrir un evento que tomaba cada vez más atracción en Gran Bretaña.

Días antes, a mediados de marzo de 1982, un grupo de trabajadores de chatarra llegó a South Georgia, una de las islas Malvinas, e izaron la bandera argentina en territorio británico.[3] La noticia viajó hasta Reino Unido, donde la primera ministra Margaret Thatcher se enfrentaba a altas tasas de desempleo y una aguda crisis económica. Aquella Inglaterra parecía estar perdiendo su relevancia como imperio a nivel mundial, lo que empeoraba la situación.[4] En respuesta, Thatcher decidió enviar tropas navales inglesas para garantizar que se quitara la bandera argentina de las islas Malvinas. La situación escaló al grado que las tropas británicas terminaron quedándose en la región defendiendo así la presencia inglesa en las islas, lo que desató una serie de enfrentamientos entre los ingleses y la Junta Militar argentina (que también buscaba reunir apoyo popular a partir del nacionalismo). La llamada guerra de las Malvinas duró un total de 74 días, pero cuando apenas iniciaba, los periódicos ingleses ya estaban enviando corresponsales para cubrir el conflicto, entre ellos: Winchester, Mather y Prime.

Antes de ir a cubrir las Malvinas, Winchester vivía en la India, donde trabajaba como corresponsal de *The Sunday Times*, informando a Londres sobre los acontecimientos de la antigua colonia, como el periódico había hecho por décadas. Pero la erupción de tensiones en las Islas Malvinas era prioridad y *The Sunday Times* mandó a su corresponsal al otro lado del mundo para cubrirla. En Argentina, Winchester se encontró con Mather y Prime.

A los pocos días de su llegada al país latinoamericano, los tres corresponsales acudieron a una conferencia de prensa que daba el General Leopoldo Fortunato Galtieri, líder de la Junta Militar, y presidente de facto de Argentina desde diciembre de 1981, en Buenos Aires. Galtieri les dijo a los periodistas extranjeros, según recordarían los corresponsales, que podían viajar libremente por el país documentando los eventos que presenciaran. Esas semanas de los primeros meses de 1982, con la seguridad que les había conferido la reunión con el presidente, los reporteros viajaron por el país, regresaron a Buenos Aires y emprendieron camino hacia el extremo sur de Argentina para acercarse a las islas y empezar a cubrir las preparaciones de la Marina argentina para la guerra de las Malvinas.

Los reporteros buscaban una buena nota para enviar a Inglaterra y así lograron llegar a la base militar de Río Grande, en la región de Tierra de Fuego, el 13 de abril de 1982. Aunque Río Grande estaba en Argentina continental y no en las islas, habían llegado a una base suficientemente cerca del territorio en disputa. Tomaron fotografías y video, al poco rato, Winchester, Mather y Prime prepararon su salida. Tenían lo que necesitaban y sería mejor irse de ahí cuanto antes, pero mientras esperaban un avión en el aeropuerto de la base naval, llegó un grupo de marinos argentinos a interrogarlos. Les pidieron sus documentos, pasaportes. Querían saber quiénes eran, qué hacían ahí.

"Somos reporteros. Estamos aquí para investigar y escribir sobre los planes de Argentina para la guerra", explicó Winchester.[5] Pero ningún marino argentino le creyó, o si lo hicieron, no les importaba. Revisaron sus cosas, hojearon sus notas y finalmente les quitaron su equipo y el material que habían recabado.

Los tres corresponsales británicos fueron detenidos y enviados en avión a una celda en Port Stanley, en el extremo este de las islas Malvinas, donde estuvieron presos tres días, para después ser enviados de regreso a Ushuaia en donde los encarcelaron en una prisión de la ciudad. Todos los días comían un insípido caldo de pescuezo de gallina y jugaban ping pong con los otros reos: hombres sentenciados por abigeato, borrachos del pueblo arrestados por peleas de fin de semana y ladrones.

A los periodistas británicos se les acusó de ser espías de guerra. Los medios argentinos cubrieron la detención desde el inicio, haciéndola pública. Gracias a la visibilidad que tuvo el arresto de los corresponsales, la comunidad internacional reaccionó contundente y expeditamente exigiendo su liberación. El gobierno de Suiza se comunicó directamente con la Junta en Argentina y su cónsul les llevó chocolate y una Biblia a los detenidos. El Papa les escribió a los altos mandos de la nación fervientemente católica intentando ejercer presión. El Secretario General de Naciones Unidas condenó el actuar del General Galtieri. Irlanda se pronunció al respecto, y fue en medio de ese clima de exigencia por la liberación de los prisioneros británicos, que llegó una carta distinta para el gobierno argentino.

No era de un líder de Estado, no era de un organismo multilateral, era una carta firmada por el reconocido periodista televisivo Walter Cronkite.

"Todos sabíamos quién era, por supuesto; conocíamos su autoridad legendaria, y sabíamos del inmenso poder de persuasión moral que tuvo durante la Guerra de Vietnam", escribió Winchester años después. "Los tres estábamos fascinados al enterarnos de que él, y un nuevo comité que él dirigía, habían tomado nuestro caso".[6]

El nuevo comité al que se refería Winchester era el recién creado Comité para la Protección de Periodistas (CPJ, por sus siglas en inglés), una organización estadounidense que, desde entonces, vela por la libertad de prensa. El caso de los tres corresponsales británicos, y la movilización para que los liberaran, fue la primera campaña del CPJ.

"En una carta para mi esposa e hijos, escribí que empezaba a sentir que el final [del encarcelamiento] estaba cerca, porque el CPJ y Walter Cronkite habían expresado su consternación", recordaría Winchester, refiriéndose a que, a partir de la intervención de la nueva organización, veía más probable su liberación.[7]

La Guerra de las Malvinas terminó el 14 de junio de 1982. Un par de semanas después, el 30 de junio, los tres corresponsales británicos fueron liberados, 77 días después de su detención en la base naval de Río Grande.[8]

***

Desde su creación un año antes del incidente en las Malvinas y a la fecha, el CPJ se convirtió en una de las principales organizaciones que velan por la libertad de prensa en el mundo y por la protección de periodistas. El CPJ no se trató de la primera organización de protección a la prensa, antes existieron otras. Los órganos antecesores se enfocaban en la defensa de los derechos humanos, incluida la libertad de prensa, en el contexto de la postguerra y el inicio de la Guerra Fría. En ese entonces, a mediados del siglo XX, el enfoque estaba centrado en la cultura de los organismos multilaterales que también surgieron en esos años, como Naciones Unidas, que buscaban extender y exportar la democracia a más países para combatir los resabios de regímenes totalitarios, como los fascistas, y de los que tomaban cada vez más fuerza, como el comunismo de la Unión Soviética.

En la década de los ochenta, además del CPJ, surgieron otras dos organizaciones importantes: Reporteros Sin Fronteras (RSF) en 1980 y Article 19 (A19) en 1987. El enfoque de las tres organizaciones cambió respecto a sus antecesoras porque el mundo también había cambiado. En su momento, estas organizaciones fueron creadas para garantizar la protección de corresponsales cubriendo eventos violentos o contextos peligrosos de países en vías de desarrollo y transitando a la democracia.

La primera campaña activista que realizó CPJ, la de 1982, fue para exigir la liberación de los tres corresponsales ingleses arrestados en la cobertura de la guerra de las Malvinas en Argentina. Mientras que RSF fue fundada por cuatro periodistas políticos en Montpellier, Francia,[9] influenciados por el trabajo y la ideología de Médecins Sans Frontières, o Médicos Sin Fronteras, que se oponía a mantener una postura neutra ante regímenes autoritarios. Este activismo político de la llamada corriente *sans frontières* fue particularmente vehemente en eventos como la Guerra de Vietnam, el Kemer Rouge de Camboya o la hambruna en Etiopía.[10] Acorde a esa corriente de pensamiento, RSF buscaba "informar sobre los indigentes y sensibilizar a la opinión pública sobre la realidad de países atormentados por crisis que van más allá de situaciones de emergencia".[11] Al igual que CPJ, RSF no era una organización enfocada en proteger a los periodistas franceses cubriendo temas domésticos. Por su parte, Article 19 fue fundada en Chicago por el hijo de un filántropo inglés quien concibió la idea de una organización de derechos humanos que se enfocara en combatir la censura. Las tres organizaciones más relevantes hoy en día para la protección de periodistas en México se crearon bajo principios e ideales que veían al sur global como un destino lejano y en proceso de modernizarse.

En esa época el mundo estaba atravesando una ola democratizadora donde muchos de los países anteriormente colonizados por Europa e Inglaterra, y algunos gobernados por dictaduras después de su independencia, como el caso de América Latina, estaban experimentando cambios de régimen. El rol de los corresponsales occidentales, en este sentido, era ir a estos lugares considerados remotos y turbulentos para documentar sus transiciones y eventos relacionados a las mismas.

Con el paso del tiempo, estas organizaciones pasaron de proteger periodistas del norte global a trabajar directamente en los países con mayor necesidad de protección a la prensa para, por primera vez, velar por la protección de los periodistas nacionales de los países del sur global quienes reportaban y trabajaban al interior de esos mismos países en transición. Esta nueva población de periodistas no era una de enviados externos con la misión de observar para informar a sus metrópolis, por el contrario, esta nueva población de periodistas tenía como encargo fiscalizar al poder local y compilar, corroborar y publicar información relevante para exigir la rendición de cuentas de los propios gobernantes recientemente erigidos como representantes democráticos.

La misión de CPJ, RSF y A19 pasó entonces de proteger a ciudadanos europeos, británicos y estadounidenses en corresponsalías en el resto del mundo con el apoyo de los gobiernos de sus países, a convertirse en aparatos de protección para periodistas locales: ciudadanos de países en vías de desarrollo y atravesando transiciones de régimen a la democracia, con poca tradición de prensa crítica y donde la prensa emergente podía resultar incómoda. Los principales periodistas en riesgo ya no eran los corresponsales extranjeros en territorios inhóspitos, sino los propios habitantes y miembros de las comunidades en esos mismos territorios, sobre las que informaban.

Cuando se trataba de corresponsales occidentales del norte global, había un aparato estatal y privado que respondía para proteger y defender a esos periodistas que ultimadamente les aportaban información para tomar decisiones sobre su incursión en dichos países (bélica, comercial, diplomática, económica). Pero, ¿qué pasaba cuando los reporteros en riesgo eran aquellos que habitaban las comunidades que cubrían, donde el aparato estatal y otros poderosos eran los principales perjudicados por las publicaciones de dichos periodistas?

En el siglo XXI, con la expansión del modelo democrático al resto del mundo y la adopción de la tradición periodística como cuarto poder que ésta conllevaba, los periodistas en riesgo eran los que se quedaban; los que fiscalizaban la transición y ofrecían información a los ciudadanos de esas jóvenes democracias. Ya no eran los periodistas extranjeros y corresponsales (excepto los corresponsales de guerra), sino los periodistas nacionales y, de manera más evidente, los locales quienes estaban en riesgo.

El periodismo no se puede entender sin comprender al poder. Los reporteros fiscalizan al poder, lo observan, lo investigan, pero también es cierto que el poder puede proteger al periodismo. En la historia de las Malvinas, la Gran Bretaña y otros Estados del norte global vieron por la protección y liberación de los periodistas en su papel de corresponsales porque no estaban fiscalizando al gobierno británico, sino informando sobre las acciones del argentino.

Es mucho más común hoy en día que el poder sea el principal actor que amenaza o censura a la prensa, pero claro, esto tiene que ver con el área que se encuentran cubriendo los periodistas y la audiencia que tienen. En el caso de los corresponsales, los tres británicos estaba reportando información sobre acciones argentinas que resultaban de gran valor para el gobierno británico y, por ende, apelaban en algún grado a su interés. El gobierno británico quería seguir recibiendo esa información, pero cuando los periodistas cubren a sus propios gobernantes, y la principal audiencia son los ciudadanos que votarán por castigar o refrendar a sus representantes, el juego cambia. Ahí, el poder puede ser afectado o terminar ofendido por la labor periodística y, por lo tanto, termina siendo el más interesado en silenciarla.

***

Uno de los tres corresponsales detenidos en Argentina en 1982, contaría años después en una entrevista su recuerdo de la detención y días posteriores. "Como me dijo el fiscal Luis Moreno Ocampo, fui muy afortunado de haber sido 'blanqueado' como prisionero legal", dijo Ian Mather, "si hubiera sido tratado como un periodista de izquierda argentino, me habrían secuestrado del hotel, torturado y arrojado al mar".[12] En efecto, durante el periodo de la dictadura, 17 periodistas y trabajadores de medios argentinos fueron asesinados, mientras que 84 más fueron desaparecidos.[13] Luis Moreno Ocampo, con Julio Strassera, fue uno de los fiscales argentinos que llevó a la justicia a miembros de la Junta Militar argentina, documentando "800 casos de torturas, desapariciones forzadas, terrorismo de Estado" durante la dictadura de 1976 a 1983.[14] Al final del juicio, se sentenció a cinco de los miembros de la Junta Militar, veredicto que marcó un hito en la historia del país, un antes y un después en los procesos de justicia y verdad en las dictaduras latinoamericanas. Ese proceso fue detonado por las primeras elecciones democráticas que se celebraron en Argentina después de la dictadura. Tal como explicó Mather, su destino hubiera sido muy distinto si no hubiera sido un corresponsal británico.

A pesar de que CPJ, RSF y A19 se fundaron en la década de los ochentas, no es sino hasta 1992 que comienzan su conteo de periodistas asesinados a nivel global. Para esto puede haber varias explicaciones. Quizá los homicidios se recrudecieron a partir de los noventas en todo el mundo porque aumentó la violencia contra la prensa, cosa que es difícil comprobar precisamente porque antes de eso no había datos registrados de manera sistemática. Tal vez el oficio periodístico, entendido como un órgano de control, empezó a proliferar en el mundo de nuevas democracias de una manera que antes no existía y, por lo tanto, se volvió más incómodo para los poderosos. O quizá, con la democratización los homicidios aumentaron cuando los Estados dejaron atrás la represión como los sobornos, la cárcel o el control del papel para impresión de periódico, para pasar a una represión furtiva que utiliza homicidas a sueldo (miembros el crimen organizado y paramilitares) para silenciar reporteros.

Hoy en día los números son alarmantes. Para finales de 2022, CPJ tenía una cifra de 363 periodistas en prisión, arrestados en distintos momentos desde el año 2000, donde los países con mayor número de periodistas encarcelados fueron Irán, China, Birmania, Turquía y Bielorrusia. A diferencia de la anécdota inicial, los periodistas arrestados en estos países son en su mayoría ciudadanos de los mismos.[15] Además de los reporteros en prisión, están aquellos detenidos como rehenes. RSF reportó que, para finales de 2022, había 65 periodistas detenidos como rehenes en todo el mundo.[16] Con las cifras de detenciones, arrestos, encarcelamiento y rehenes, están las de homicidio. Tan sólo en 2022, dependiendo de la organización que se consulte, entre 57 y 67 periodistas fueron asesinados en todo el mundo;[17] México registró el 20% de homicidios de reporteros a nivel mundial ese año.[18] Este será el énfasis de los siguientes capítulos, pero antes de llegar ahí, era importante mostrar el origen de los programas de protección y el contexto en el que se originaron. Servirá de contraste al entender el perfil de los periodistas asesinados en México y el tipo de cobertura que hacían, así como la audiencia a la que le comunicaban. Mientras que los corresponsales británicos informaban a un país entero y a los tomadores de decisiones de su país sobre eventos que sucedían en un país lejano, los periodistas asesinados en México comunican para la gente común y corriente que habita un área geográfica pequeña sobre los eventos que ahí suceden día con día.

Lo que resulta evidente hoy en día es que, para morir asesinado, un periodista no necesita cubrir las grandes historias de guerras internacionales o eventos de relevancia global como el que cubrían los corresponsales encarcelados en Ushuaia en 1982. Tampoco tienen que realizar profundas y complicadas investigaciones revelando información comprometedora. Para que un reportero muera asesinado en el siglo XXI basta con cubrir la vida cotidiana de la ciudad donde vive.

Como anotó la autora Marisol Cano Busquets, la violencia contra reporteros no sólo se ejerce por coberturas sobre temas sensibles (seguridad nacional, actividades del ejército, investigaciones al crimen organizado, crímenes contra población civil), también se perpetran ataques contra trabajadores de medios por "reportajes en los que se denuncia, por ejemplo, la mala calidad de la leche en los desayunos escolares, la contaminación de los ríos por actividad minera o los negocios de bandas dedicadas a vender diplomas universitarios falsos".[19] Más allá de lo cotidiano de la información y la poca sofisticación que pudiera existir en su publicación, Cano Busquets apunta algo crucial: se trata de reportajes que *denuncian*. Para el caso de México, propongo que no sólo importa que denuncien, sino cómo lo hacen. Los periodistas que toman postura con un juicio de valor ante un hecho que señala al poder, son quienes enfrentan el riesgo de una violencia letal.

Además de tomar postura en la denuncia y cubrir temas cotidianos, propongo que importa dónde publicaban, en qué tipos de medios. En México, asesinan a los reporteros de medios alternativos, aquellos que "deben servir a la comunidad, ofrecer discursos contra el hegemónico y el dominante, y ser autónomos del Estado y las influencias del mercado".[20] Estos medios alternativos pueden tomar muchas formas, desde radios comunitarias, pasando por semanarios o *blogs* de propiedad de los propios periodistas, hasta páginas de Facebook que sirven como el principal medio de comunicación para publicar reportajes. La parte crucial para entender la relevancia de estos medios es que los alternativos, y cada vez más aquellos en línea, tienen la capacidad de convocar, pueden promover e incentivar la participación social.[21]

Desde 1992 (año en que empieza el conteo global de asesinatos por el CPJ) a 1999, un total de 9 periodistas fueron asesinados en México. El primero fue Jorge Martín Dorantes, editor del semanario morelense *El Crucero* y crítico de políticos locales, fue asesinado por atacantes desconocidos el 6 de junio de 1994.[22] La década siguiente, entre 2000 y 2009, el número de periodistas asesinados en México fue de 37, cuatro veces la cantidad de los noventas. Entre 2010 y 2019, fueron 74 los periodistas asesinados en México, casi el doble que la década anterior. Diez de esos homicidios sucedieron en un solo año: en 2010, México registró más periodistas asesinados que en toda la década de los noventa. La tendencia al alza se mantuvo. En 2022, 13 periodista fueron asesinados, sobrepasando a 2010 y convirtiéndose en el año más letal en la historia para la prensa mexicana.[23] Para finales de 2022, México era uno de los países más peligrosos para el periodismo en el mundo, con cifras de periodistas asesinados equiparables sólo a las de Ucrania, un país en guerra bajo la invasión rusa, y Haití, un país en crisis económica y de salubridad constantes y donde el presidente fue asesinando ese mismo año en un atentado.[24]

En los siguientes capítulos presentaré cuatro ejemplos paradigmáticos de homicidios de periodistas ciudadanos y reporteros locales mexicanos. El primero trata de un reportero que publicaba exclusivamente en línea, a través de videos en vivo por Facebook, sobre temas locales e híper locales de su municipio en el sur del Estado de México. El segundo caso trata de un periodista local, corresponsal nacional y autor de libros, quien a través del semanario que cofundó, cubría temas locales de seguridad y gobernanza en Sinaloa. El tercer caso es el de un comunicador, fundador de una radio comunitaria en Morelos, que combinaba su labor informativa con la defensa del medio ambiente y territorio. Finalmente, el último caso es el de un periodista ciudadano, policía municipal que informaba sobre las condiciones laborales de la policía municipal en Baja California Sur. Estos casos son paradigmáticos de lo que sucede en México porque tratan de periodistas con perfiles distintos y reclamos diversos. Cada uno publicaba en medios únicos. También son paradigmáticos porque abarcan regiones totalmente distintas del territorio nacional. A lo largo del libro estaré estirando el concepto de periodista tradicional que tenemos, yendo de lo más clásico, hasta llegar al caso de una persona que, a pesar de no tener un trabajo como periodista, cumplía las mismas funciones que los reporteros locales en otras zonas del país.

Notas

[3]Redacción. 2023. «The Falklands War: A chronology of events». The History Press. https://www.thehistorypress.co.uk/articles/the-falklands-war-a-chronology-of-events/.

[4] Solly, Meilan. 2020. «A Brief History of the Falklands War | History| Smithsonian Magazine». Smithsonian Magazine. 23 de noviembre de 2020. https://www.smithsonianmag.com/history/brief-history-falklands-war-180976349/.

[5] Winchester, Simon. s. f. «Dangerous Assignments 20th Anniversary: Jailhouse Memories». Committee to Protect Journalists._https://cpj.org/reports/2001/05/falklands/.

[6] Ibidem.

[7] Ibidem.

[8] Suárez, Emiliano. 2022. «Malvinas: Los periodistas británicos que vinieron a cubrir la guerra y terminaron secuestrados o presos». *Clarín*. 30 de marzo de 2022. https://www.clarin.com/politica/malvinas-periodistas-britanicos-vinieron-cubrir-guerra-terminaron-secuestrados-presos_0_Bm4kktDfge.html.

[9] Haget, Henri. 2008. «Ménard, emmerdeur sans frontières». *L'Express*. 29 de mayo de 2008. https://www.lexpress.fr/societe/menard-emmerdeur-sans-frontieres_505144.html.

[10] Davey, Eleanor. 2011. «Famine, Aid, and Ideology: The Political Activism of Médecins sans Frontières in the 1980s». French Historical Studies 34 (3): 529-58. https://doi.org/10.1215/00161071-1259157.

[11] Redacción. s. f. «Reporters sans frontières - History». observatoire de l'action humanitaire. http://www.observatoire-humanitaire.org/en/index.php?page=fiche-ong.php&part=historique&chapitre=396&id=33.

[12] Suárez, Emiliano. 2022. «Malvinas: Los periodistas británicos que vinieron a cubrir la guerra y terminaron secuestrados o presos». *Clarín*. 30 de marzo de 2022. https://www.clarin.com/politica/malvinas-periodistas-britanicos-vinieron-cubrir-guerra-terminaron-secuestrados-presos_0_Bm4kktDfge.html.

[13] AUNO. 2004. «Listado de los periodistas desaparecidos y asesinados por la dictadura». AUNO (blog). 25 de marzo de 2004. https://auno.org.ar/listado-de-los-periodistas-desaparecidos-y-asesina.

[14] Junquera, Natalia. 2022. «Moreno Ocampo, el fiscal adjunto de 'Argentina, 1985': "En mi familia, cuestionar a Videla era una traición"». El País. 2 de noviembre de 2022. https://elpais.com/internacional/2022-11-02/moreno-ocampo-el-fiscal-adjunto-de-argentina-1985-en-mi-familia-cuestionar-a-videla-era-una-traicion.html.

[15] Getz, Arlene. 2022. «Número de periodistas encarcelados aumenta, alcanzando un nuevo récord mundial». Committee to Protect Journalists. 14 de diciembre de 2022. https://cpj.org/es/reports/2022/12/numero-de-periodistas-encarcelados-aumenta-alcanzando-un-nuevo-record-mundial/.

[16] RSF. 2022. «New Record Number of Journalists Jailed Worldwide | RSF». Reporters Without Borders. 14 de diciembre de 2022. https://rsf.org/en/new-record-number-journalists-jailed-worldwide.

[17] Redacción. s. f. «67 Journalists and Media Workers Killed in 2022». Committee to Protect Journalists. https://cpj.org/data/killed/2023/?status=Killed&motiveConfirmed%5B%5D=Confirmed&motiveUnconfirmed%5B%5D=Unconfirmed&type%5B%5D=Journalist&type%5B%5D=Media%20Worker&start_year=2022&end_year=2022&group_by=location.

[18] RSF. 2022. «New Record Number of Journalists Jailed Worldwide | RSF». Reporters Without Borders. 14 de diciembre de 2022. https://rsf.org/en/new-record-number-journalists-jailed-worldwide.

[19] Cano Busquets, Marisol. 2018. «Violencia contra los periodistas: Configuración del fenómeno, metodologías y mecanismos de intervención de organizaciones internacionales de defensa de la libertad de expresión». Tesis Doctoral, Barcelona: Pontificia Universidad Javeriana. https://doi.org/10.2307/j.ctvkwnqkf.

[20] Bailey, Olga; Carpentier, Nico, y Cammaerts, Bart. 2008. «Understanding Alternative Media». Cultural and Media Studies. Maidenhead, Berkshire: Open University Press McGraw-Hill Education.

[21] Moyo, Last. 2011. «Blogging down a Dictatorship: Human Rights, Citizen Journalists and the Right to Communicate in Zimbabwe». Journalism 12 (6): 745-60. https://doi.org/10.1177/1464884911405469.

[22] Redacción. 6 de junio de 1994. «Jorge Martín Dorantes». 1994. Committee to Protect Journalists. https://cpj.org/data/people/jorge-martin-dorantes/.

[23] Redacción. s. f. «151 Journalists and Media Workers Killed in Mexico between 1992 and 2023». Committee to Protect Journalists. Accedido 28 de febrero de 2023. https://cpj.org/data/killed/?status=Killed&motiveConfirmed%5B%5D=Confirmed&motiveUnconfirmed%5B%5D=Unconfirmed&type%5B%5D=Journalist&type%5B%5D=Media%20Worker&cc_fips%5B%5D=MX&start_year=1992&end_year=2023&group_by=year.

[24] Sanon, Evens. 24 de enero de 2023.. «Journalist deaths jumped 50% in 2022, led by Ukraine, Mexico». abc News. https://abcnews.go.com/International/wireStory/journalist-deaths-jumped-50-2022-led-ukraine-mexico-96634457.

EL *FACEBOOKERO*
Encauzar el descontento social por redes sociales

Un sábado a mediodía
se rumoraba en el pueblo
la muerte de un camarada
y nadie podía creerlo
Nevith Condés Jaramillo
Nevith Condés Jaramillo
se escuchan tus palabras,
tu legado, aquí, desde el cielo.

José Jesús "Chuchín" Salinas Espinoza

Lo ocurrido con Nevith causó una conmoción enorme en mi familia al enterarnos de su muerte. Era un hombre muy querido por todos, le dio voz a quienes no la tenían como nadie lo había hecho en la zona […]. En efecto, Tejupilco es un pueblo que ha aprendido a quedarse callado.

Habitante de Tejupilco

Muchas gracias por su atención y, sobre todo, por compartir y ser parte e identificarte con esta problemática. ¿Cuántas colonias, cuántas calles no hay con estos problemas? Y la gente no se organiza y no levanta la voz. Aquí está el micrófono.

Nevith Condés Jaramillo

En la última cobertura de la página oficial del Observatorio del Sur, un medio que publicaba a través de Facebook, el periodista mexiquense Nevith Condés Jaramillo, fundador de dicho medio, transmitió un reportaje en vivo sobre un bache. Filmó el surco en el piso del camino vecinal en una de las rancherías de Tejupilco de Hidalgo, en la zona conocida como Tierra Caliente mientras la gente se congregaba alrededor.* Ya con los vecinos a cuadro, el reportero empezó a entrevistar al delegado de la localidad: "¡Qué hoyito tenemos aquí! Has de cuenta que cayó un meteorito apenas ayer, ¿o no, compa? ¿Qué pasó?" [25]

La calle, una de las vías principales de la localidad Rincón de López, llevaba 15 días con un bache de más de un metro de diámetro y uno de profundidad ocasionado por una tubería de drenaje mal instalada. El delegado había ido al Ayuntamiento dos veces solicitando que se reparara la calle, según explicó en la transmisión, pero le dijeron que no podían arreglarla porque era un gasto imprevisto, si acaso, podían usar su partida de obra prioritaria, que excedía por mucho el costo del arreglo, para taparles el bache. Los vecinos no aceptaron. En cambio, se ofrecían en cámara a poner la mano de obra si la presidencia municipal les proveía los materiales. "Ahí está. Ni quién se raje. Hay voluntad de parte de los ciudadanos. Le amarraron bien las manos al Ayuntamiento",[26] sentenció Condés Jaramillo antes de terminar su transmisión.

Empezaba a caer la noche del 23 de agosto de 2019 y la gente se dispersó. El periodista de 42 años recogió sus cosas y se fue de Rincón de López. Pasó al departamento que rentaba en Tejupilco y salió a cenar tacos en un negocio local.[27] En la madrugada del sábado 24 de agosto encontraron el cuerpo sin vida del periodista en la comunidad de Cerro de Cacalotepec, al sur de Tejupilco.

---

* La región de Tierra Caliente es una zona geográfica que no responde a una división política, abarca parte del Estado de México, Guerrero y Michoacán, conocida por sus altos niveles de violencia y por ser una región fértil y fructífera en sembradíos de mariguana y adormidera.

La noticia recorrió el pueblo a través de rumores. En la página del Observatorio del Sur se pueden ver todavía comentarios en las publicaciones del portal de Facebook avisando que se hablaba de un periodista asesinado y preguntándose si sería Condés Jaramillo. La información oficial que se dio a conocer es poca y carece de detalles. No se sabe quién encontró el cuerpo, ni cómo. No se sabe quién fue el o la denunciante ni quienes llegaron al lugar de los hechos. Tampoco se sabe, con precisión, cómo encontraron el cuerpo, en qué estado, con qué heridas. Personas cercanas al periodista se enteraron de la muerte por teléfono o mensajes de texto, los rumores habían llegado a los grupos de WhatsApp. Decían que había fotos y videos del homicidio. Decían que lo habían encontrado con más de 100 heridas de arma punzocortante. Estos rumores sirvieron también para infundir miedo a la población. No era la primera vez que los rumores se utilizaban para atemorizar y manipular a los tejupilquenses. Ya llegaremos a eso.

Días después del homicidio, el 27 de agosto de 2019, la Fiscalía General de Justicia del Estado de México publicó un comunicado a través de redes sociales donde aseguraba que se esclarecería el crimen del periodista.[28] Dos días después, el entonces fiscal del estado, Alejandro Gómez Sánchez, aseguró en entrevista que se estaban explorando tres líneas de investigación: dos de ellas relacionadas con la labor periodística de Condés Jaramillo y una más relacionada con su vida personal.[29] Dijo también que ofrecerían una recompensa a quien aportara información sobre el caso. A pesar de las promesas iniciales, a principios de 2023, más de tres años después del homicidio, el asesinato de Nevith Condés Jaramillo permanece sin resolver.

***

Con 156 periodistas asesinados en el país desde el año 2000[30] y 30 desaparecidos desde 2003,[31] México es clasificado como uno de los países más peligrosos para ejercer el periodismo en el mundo, contando incluso aquellos en guerra, como Ucrania o Siria. Durante años, este fenómeno de violencia contra la prensa mexicana se ha estudiado desde la incógnita evidente que presenta: ¿Por qué un país democrático, que no atraviesa un conflicto armado interno, según las definiciones del derecho internacional, tiene tan altas cifras de violencia contra periodistas? [32]

La violencia letal contra reporteros en México empezó a aumentar de manera significativa a partir del año 2000, pero se recrudeció especialmente desde 2006 con el inicio de la llamada guerra contra el narcotráfico lanzada por el ex presidente Felipe Calderón a finales de ese año. A pesar del nivel de violencia que azota al país, los periodistas no mueren por estar en el lugar equivocado en el momento errado. No mueren en fuegos cruzados o realizando una cobertura peligrosa. Son asesinados a manera de ejecución, a menudo en lugares públicos y a veces en compañía de familiares que, en su mayoría, resultan ilesos.* Es decir, no son crímenes azarosos, sino que son los blancos inequívocos de estos homicidios.

De esto podríamos desprender que el motivo detrás de los crímenes contra periodistas es la censura informativa. Se busca eliminar alguna información delicada descubierta por el reportero para prevenir su publicación. Esta historia la conocemos bien: un periodista sagaz encuentra un testimonio inédito, un informante anónimo (*whistleblower*) le comparte documentos clasificados o alguna otra evidencia corrobora algún suceso previamente desconocido, y acaban con su vida. Pensemos en ejemplos de producciones cinematográficas de ficción. *El Informe Pelícano* tiene precisamente esta trama de censura informativa, donde un abogado de un prestigioso bufete le ofrece a un

* A Leslie Anne Pamela Montenegro del Real, conocida por su alter ego de YouTube, "la Nana Pelucas", la asesinaron el 5 de febrero de 2018 estando con su esposo adentro de un restaurante de la ciudad costera de Acapulco. Dos hombres entraron al restaurante y le dispararon enfrente de su esposo. El caso de Miroslava Breach Velducea es similar: a la corresponsal de *La Jornada* en Chihuahua la mataron el 23 de mayo de 2017 mientras salía de su casa en auto con uno de sus tres hijos. El 13 de noviembre de 2008, mataron a José Armando Rodríguez Carreón, quien iba saliendo de su casa en Ciudad Juárez para llevar a su hija a la escuela, quien presenció el ataque desde el asiento trasero.

periodista evidencia de una conspiración entre el Estado y una compañía petrolera multimillonaria que intentan ocultar la información recabada por defensores del medio ambiente sobre el daño del proyecto petrolero al ecosistema. En la película, el periodista sortea múltiples atentados contra su vida; otro ejemplo es la taquillera serie de Netflix, *House of Cards*, donde la reportera Zoe Barns empieza a investigar la muerte de un diputado que se había clasificado como suicidio, pero ella y otros reporteros sospechan que en realidad fue un homicidio y Frank Underwood, el protagonista de la serie, el asesino. Barns continúa con la investigación al punto que Underwood se entera y le exige dejarla. Ella sigue indagando y Underwood la asesina para prevenir que esa información salga a la luz.

Lo que hay detrás de estas tramas es una historia sobre el control informativo. Lo que está en juego, y lo que se intenta prevenir por parte de los perpetradores, es la publicación de cierta información que puede representar un daño (reputacional, legal, electoral o económico) para los señalados. Es la clásica historia de censura y periodismo de investigación.

Cuando matan a un periodista, es común hacer la suposición de que éste fue el móvil detrás del homicidio. Resulta sorprendente, sin embargo, corroborar que muchas veces el trabajo periodístico de las víctimas no contenía información exclusiva y tampoco emergen investigaciones en las que estuvieran trabajando que quedaran ocultas o hubieran sido problemáticas. Después de revisar cientos de reportajes de periodistas asesinados en el país, este libro propone que el motivo del homicidio no es la censura informativa, sino el castigo, la dominación y el aleccionamiento. A los periodistas asesinados en México, quienes cubrían para medios alternativos y reporteaban eventos locales, los asesinan cuando toman postura respecto a los sucesos que afectan directamente a sus comunidades. Los matan cuando cuestionan al poder, y no solamente cuando evidencian, de manera desapegada y objetiva, un acto indebido.

Si bien ambas consecuencias son ejercicios de poder, lo cierto es que en el primer caso se persigue una censura directa: el fin es deshacerse y ocultar la información delicada de la acción, siendo el homicidio un medio para lograrla; en el segundo, el fin es castigar al periodista. No porque vaya a descubrir algo nuevo, sino porque tomó una postura alentando a otros en su comunidad a hacer lo mismo. Esto quedará mucho más claro regresando al caso de Condés Jaramillo y al reportaje del bache. ¿Qué tiene de desconocida, nueva, oculta o censurable la existencia de un bache en la pequeña localidad de Rincón de López en el municipio de Tejupilco de Hidalgo, Estado de México? La respuesta, por supuesto, es nada.

La transmisión en vivo sobre la existencia de un bache no tiene nada de nuevo, desconocido, delicado o censurable. Todos los vecinos de Rincón de López pasaban por ahí, veían el bache, lo conocían y lo esquivaban. Lo que propongo es que el reportaje en realidad no trataba sobre la existencia del bache, no estaba informando a la comunidad que había ese surco para que pudieran tomar precauciones. El reportaje en realidad trataba sobre la falta de respuesta oficial por parte del Ayuntamiento ante la existencia del bache. Y no sólo eso, el último reportaje de Condés Jaramillo, como el resto de su producción periodística, en realidad comunicaba y daba salida mediática al descontento social que generaba la nula o deficiente reacción del Ayuntamiento ante los problemas sociales de la gente de Tejupilco de Hidalgo. Eso es tomar postura, eso es cuestionar al poder y, en México, hacerlo puede ser una sentencia de muerte.

En los comentarios de la transmisión de su último video en Facebook, y en la página del Observatorio del Sur, hay menciones a más baches en otras localidades del municipio y a más calles con necesidad de mantenimiento. Condés Jaramillo tenía la capacidad de observar e identificar las fallas del gobierno, especialmente las que causaban un malestar en la población y, con su periodismo lograba encausar ese descontento social. Tenía poder de convocatoria, invitaba explícitamente a su audiencia a mandar denuncias ciudadanas.

Articulaba a una comunidad harta del mal gobierno. La diferencia con la historia de censura informativa es que el descontento social es un sentimiento, no es una pieza de información, no es un documento, no es una grabación, no son fotos, no es una sola cosa, tangible, y por lo tanto destructible. El descontento social al que Condés Jaramillo daba cauce y forma no era censurable, pero sí podía ser motivo de un castigo ejemplar.

Es importante aclarar que el asesinato de Nevith Condés Jaramillo, como el de 90% de casos de periodistas asesinados en México, no se ha resuelto.[33] No hay arrestos, no hay culpables, no existe una sentencia judicial ni para los asesinos materiales (aquellas personas que le quitaron la vida), ni para quien haya ordenado su homicidio, si es que son personas distintas. No hay un proceso de esclarecimiento de los hechos que determine el motivo por el cuál lo mandaron matar. No se sabe si la nota del bache fue la razón por la cual lo asesinaron, si fue otra, o si fue un motivo enteramente distinto.

Lo que sí sabemos es que el reportero local no cubría nota roja, ni crimen, ni la fuente policiaca, ni eventos relacionados con seguridad, ni con la delincuencia organizada. Condés Jaramillo publicaba videos sobre inauguraciones de comercios locales, hacía colectas para vecinos enfermos y denunciaba las fallas de la administración pública. Meses antes de morir, recibió amenazas firmadas por líderes de células del crimen organizado en la región, quienes decían actuar como emisarios para entregarle mensajes de parte del entonces alcalde de Tejupilco, Anthony Manuel Domínguez Vargas, mismas que quedaron documentadas por la organización internacional que vela por la libertad de expresión, Article 19.[34]

***

Tejupilco de Hidalgo es un municipio agrícola y ganadero al suroeste del Estado de México; durante por lo menos 20 años, la zona ha sido golpeada por disputas territoriales entre distintos grupos del crimen organizado y, desde la década de los años cincuenta, ha sido ocupada por narcotraficantes, según detalla el periodista Francisco Cruz Jiménez en sus investigaciones de la zona, "por ser un paso estratégico hacia el puerto de Lázaro Cárdenas, en Michoacán, con poca vigilancia".[35]

Llegué a mediados de septiembre de 2020. El propósito principal del mi viaje era grabar entrevistas que usaríamos en el pódcast Voces Silenciadas para aportar contexto y un mejor entendimiento a la vida del periodista. Sólo así podríamos contar su historia y la historia de su muerte de manera seria. Así llegamos, las dos periodistas con las que fui al pueblo y yo, buscando información sobre un suceso histórico que, según me habían dicho, informó la vida y la vocación de Condés Jaramillo desde niño. Se trataba de las elecciones para la presidencia municipal de 1990, cuando el Partido Revolucionario Institucional (PRI) se enfrentaría por primera vez al Partido de la Revolución Democrática (PRD) en las elecciones locales de Tejupilco. El PRD en ese entonces estaba recién creado y era la primera vez que se organizaba para contender en unas elecciones en ese municipio.

El candidato del PRI era Mario Gabino Ugarte, un agrónomo conocido que había hecho mucho trabajo con las comunidades.* Se enfrentaría con el candidato del PRD, un joven que había ayudado a registrar el nuevo partido de la izquierda cardenista, creado en mayo de 1989 en la Ciudad de México, en la tierra caliente mexiquense. Era profesor de bachillerato y crítico de los caciques del pueblo, su nombre es Guillermo González Hernández y la gente en Tejupilco lo conocía coloquialmente como "Satán".

La presencia del PRD en las elecciones de ese año no había sido lo único novedoso. Meses antes de la contienda, en el PRI había pasado algo atípico: Gabino Ugarte propuso una elección interna

* Gabino Ugarte murió en noviembre de 2020.

para determinar quién sería el candidato del partido, retando el proceso tradicional mediante el cual se determinaba a esta persona. Era bien sabido y aceptado al interior del partido que la designación era vertical y venía de parte del gobernador. En México hemos acuñado un término para describir esa sucesión arbitraria: el dedazo. Pero ese año, Gabino Ugarte quiso contender a pesar de que, bajo las normas jerárquicas de la institución, no le tocaba. Al que le tocaba era a Isael Villa Villa, un priista que construyó su carrera en las filas del partido, a diferencia de Gabino Ugarte que construyó su popularidad trabajando directamente con la gente. Se fueron a internas y ganó Gabino Ugarte. Lo que pasó después tiene muchas similitudes con lo que le pasaría a Condés Jaramillo en 2019. Al proponer una interna, Gabino Ugarte cuestionó las prácticas tradicionales del poder y quiso participar en la vida pública apoyado del respaldo popular que había construido a lo largo de años de trabajo. Claro que los perdedores de la interna, quienes habían esperado su turno dentro de una institución jerárquica vertical, no estaban contentos.

La votación fue el 11 de noviembre de 1990 y la ganó Mario Gabino Ugarte, el candidato del PRI, quien "obtuvo oficialmente 6 mil 718 votos de un total de 30 mil 985 electores[36]". Con un bajísimo porcentaje de participación, el PRI derrotó a "Satán", quien obtuvo apenas 3 mil 599 votos representando al PRD. Esto mantenía al PRI como partido gobernante en Tejupilco desde la fundación del partido en 1929.* A pesar de los resultados oficiales, Satán y su grupo político no estaban convencidos de la victoria del PRI. Criticaron "la falta de respeto al voto secreto y la manipulación fraudulenta en el proceso de cómputo por parte de los funcionarios gubernamentales"[37]. Tres días después, declararon fraude electoral.[38] Desde antes de recibir los resultados electorales, Satán y su grupo ya estaban

* En 1929 se fundó el Partido de la Revolución Nacional (PRN), que se terminaría convirtiendo en el PRI, años después, en 2003, Tejupilco tuvo un alcalde del PRD cuya gestión fue recordada sin pena ni gloria, después de eso, siguió gobernando el PRI hasta 2018, cuando ganó el candidato de MORENA.

alerta. Habían recibido mensajes de compañeros del PRD en Oaxaca y algunas zonas de la tierra caliente alertándolos de un posible fraude electoral y de una respuesta violenta por parte del PRI si se manifestaban en contra de los resultados.

Pasó un mes y, el 12 de diciembre de 1990, la gente del pueblo se reunió en la plaza central de Tejupilco para celebrar el día de la Virgen de Guadalupe. Ese mismo día, los representantes del PRD planearon un mitin para protestar contra lo que, consideraron, había sido fraude. A las 10:00 horas empezaron a llegar personas al evento, juntándose aproximadamente 200 tejupilquenses.[39] Ya se había montado un templete en la plaza principal y, alrededor de las 13:00 horas se empezaron a hacer pruebas de sonido.

Mientras se llenaba la plancha del centro, empezó a circular entre la gente un volante de autor anónimo. Tenía inscrito un rumor cuyo propósito era sembrar miedo e indignación en el pueblo, se estaba distribuyendo de manera coordinada y planeada con detalle. La historiadora Gema Kloppe-Santamaría, ha estudiado "las creencias y las dinámicas de poder que le otorgan a los rumores suficiente peso y credibilidad para incitar formas de violencia colectiva de manera efectiva". Kloppe-Santamaría ha escrito que los rumores "prosperan especialmente en contextos donde la información es incierta o poco confiable". [40]

El rumor que circulaba ese día en forma de volante decía que Gabino Ugarte se había robado a la Virgen de la iglesia del pueblo. Decenas de copias del volante pasaban de mano en mano, llegando a los tejupilquenses, fervientes creyentes, ahí reunidos. El rumor causó indignación entre los pobladores, cumpliendo su propósito. La intención era desprestigiar la imagen de Gabino Ugarte, presidente municipal electo, antes de que tomara posesión como alcalde de Tejupilco y generar efervescencia social. Según versiones de gente de Tejupilco y de periodistas que estuvieron ahí ese día, esos volantes eran parte de una estrategia del otro hombre que había intentado ser candidato del PRI, y buscaba echar leña al fuego para azuzar a la gente el día del mitin del PRD.[41] Según testimonios que recordaron el incidente, quien estaba detrás de los volantes era el priista Isael Villa Villa, quien había perdido la candidatura contra Gabino Ugarte y quería verlo fracasar. Yo diría que quería castigarlo.

Pasadas las 15:30, mientras alguien hablaba en el templete del mitin, se escuchó una detonación, después otra. "Las balas sonaban como zumbidos. La gente gritaba, corría, lloraba...", recordaría el reportero Raúl Mandujano Serrano quien cubrió el mitin del PRD ese día, "había un hotel, Las Brisas, ahí, en la entrada, una patrulla se incendiaba, y sobre el suelo empedrado, una persona bañada en sangre pedía ayuda".[42] Un grupo de mujeres se peleaba a palazos con los policías que les soltaban golpes con sus toletes. Las fuerzas antimotines aventaron granadas de gas lacrimógeno. Hay testimonios que aseguran escuchar al jefe de la policía dar la orden de abrir fuego. Algunos campesinos sacaron sus escopetas y empezaron a disparar a los policías. La gente le prendió fuego a una patrulla. El saldo final fue de 3 muertos y 69 heridos.[43]

Durante esas horas del 12 de diciembre de 1990, cuando la trifulca se convertía en linchamiento, Condés Jaramillo tenía 13 años. Sus abuelos habían participado en la revuelta, defendiéndose de los policías. Eran dos de los seguidores más fieles de Satán, quien, años después, los recordaría durante ese día:

> Cuando lo del Tejupilcazo, sus abuelos, don Chuche y su esposa, los abuelos de Nevith por el lado Jaramillo, eran mis compañeros de lucha; eran mis seguidores. Me apoyaron (risas) hasta los chingadazos (risas). Los recuerdo a los dos, estaban ahí. Hay una foto en donde sale ahí el señor en plena batalla lo retratan al señor echando chingadazos. [44]

Era sobre ese evento del Tejupilcazo sobre lo que yo quería indagar más para el pódcast., Creía que así entendería más a Condés Jaramillo y su entorno. A mi modo de ver las cosas, la violencia política de esa historia retrataba el ambiente que mató a Condés Jaramillo porque, lo poco que se sabía del crimen, era que recibió amenazas de un político local. Además, el periodista siempre estuvo interesado en temas sociales y, según me explicó una amiga suya que vivió ahí, la población tejupilquense era muy aguerrida y comprometida en los temas políticos.

A través de Facebook encontré una publicación con una escueta narración de aquellas elecciones del noventa con algunas fotografías en blanco y negro. El autor de la publicación era el cronista del Ayuntamiento de Tejupilco de Hidalgo. "Perfecto", pensé cuando leí la publicación, "será un viejito historiador, el sabio del pueblo, un recolector de anécdotas y chismes".

Le escribí y respondió. Sin chistar, aceptó la solicitud de entrevista. Que nos viéramos en el Ayuntamiento, me dijo, nos invitaría un pan dulce y nos explicaría todo lo relacionado a aquella trágica jornada electoral de tres décadas atrás.

Había pasado un año y medio del asesinato del periodista. No creí que preguntar sobre una votación sucedida en 1990 podría despertar tantas sospechas. Pero después de ese día pensé mucho en el viaje y me di cuenta que sólo habían transcurrido 13 meses desde el homicidio del periodista, que fue una persona conocida y querida por el pueblo. Ahora, a dos años de ese día, puedo ver que en 2020 seguía estando muy fresco el homicidio y era demasiado pronto para empezar a remover un tema tan delicado, por donde lo quisiera abordar.

Sin pensarlo demasiado y sopesando como prioridad la necesidad de entender qué había pasado en ese municipio ganadero del sur del Estado de México, emprendimos el camino en carretera para llegar a la cita con el cronista del pueblo.

***

No era un viejito y no era historiador. No tenía nada de sabio y, encima de todo, si es que conocía los chismes del pueblo, no estaba dispuesto a contarlos. "El maestro", como le llamamos porque era de formación normalista, nos recibió frente al Ayuntamiento, donde había prometido apartarnos un lugar de estacionamiento. Lo que no nos dijo fue que, en vez de apartarlo con una cubeta o un cono naranja como yo había imaginado, lo aparataría con una patrulla pickup llena de policías municipales ajuareados con armas largas. No, no veníamos a ver a un viejito sabio rodeado de libros.

Nos recibió en su oficina con pan dulce y café. Ahí descubrimos que el pan de Tejupilco es famoso y único: plomos, chilindrinas, ciciriscos, finas, gusanos, pelucas… es una delicia absoluta. Platicamos sobre el clima, las áreas naturales de la región, la comida típica y después nos relató, a grandes rasgos, lo que ya sabíamos. Lo que el cronista sabía sobre el Tejupilcazo se reducía a lo que se podía encontrar en Facebook. Parecía que sería un viaje en vano si no obteníamos nada más de información.

—¿Podríamos hablar con Anthony Domínguez Vargas, el alcalde? —quise saber. El cronista se puso lívido.

—¿El alcalde? —preguntó— ¿de qué dijeron que es su investigación? —como periodista, podía ahorrarme detalles, pero no mentir.

—Es sobre libertad de expresión y nos interesa saber más sobre lo que le pasó a Nevith Condés Jaramillo —le dije.

Sin hacer ningún intento por averiguar la disponibilidad del presidente municipal o las actividades en su agenda, el cronista nos dijo que sería imposible. En su oficina todavía quedaban algunas piezas de pan dulce sobre la mesa y, con la pregunta, cambió la amabilidad inicial por una actitud desconfiada. Quiso saber con quién más nos reuniríamos. Quería nombres. Cerró la puerta. ¿Cuántos días nos quedaríamos? ¿En dónde nos estábamos hospedando? Ofreció con esa manera que le sale tan natural a ciertos hombres (entre atenta e impositiva, entre amenazante y caballerosa) escoltarnos hasta el hotel. Insistió en que no tomaría un "no" como respuesta.

El cronista manejaba un Honda último modelo de un blanco impoluto que contrastaba con los coches viejos, polvorientos y la legión de motos Italika que avanzaban, ruidosas por las calles de Tejupilco. Los seguimos hasta el hotel de paso donde nos estábamos quedando. Le agradecí la atención y le expliqué que nos quedaríamos en el hotel el resto del día descansando. Eso pareció relajarlo.

Más tarde, cuando estuvimos seguras de que el cronista se había ido, salimos a caminar; a entrevistar a la gente del pueblo y comer algo antes de que anocheciera. Ahí fue cuando nos enteramos de que la hija del cronista era la esposa de Anthony, el alcalde, y de que ambos trabajaban juntos. El cronista incluso representaba al presidente municipal en algunos eventos. Sin saberlo, nos habíamos ido a meter directo a la boca del lobo.

***

Cinco años antes de ir a Tejupilco, despegaba la carrera política de un joven tejupilquense. "Llegaba un coche, dos camionetas, otro sedán y otras dos trucks, todos los vehículos traían a los priistas convocados para acudir a la magna convención de delegados efectivos, donde mediante sus votos podrían o no ratificar al precandidato único del PRI para diputado local en el distrito nueve con sede en Tejupilco, Manuel Anthony Domínguez Vargas", publicó el periódico *El Nativo* el 23 de marzo de 2015, con una foto del joven Anthony, en ese entonces de 23 años, rodeado de gente.[45] Parecía un mesías. Claro, la cobertura era halagadora porque *El Nativo* es propiedad de los papás de Anthony. De cualquier forma, su candidatura fue ratificada y el joven priista se convirtió en el nuevo diputado local de Tejupilco en 2015.

A los pocos meses, Condés Jaramillo arrancaría su proyecto de comunicación y periodismo "guache" (como les dicen a los niños en la región): El Observatorio del Sur. Sus primeras publicaciones son una mezcla de periodismo hiper local, por ejemplo, la inauguración de una marisquería, el trabajo de un ganadero, crónicas de las fiestas típicas de Tejupilco, con una especie de llamado al civismo para la conservación de las áreas públicas del pueblo y una invitación a enviar denuncias ciudadanas.[46 47 48]

En abril de 2016, por ejemplo, publicó un video pidiendo a los ciudadanos que dejaran de hacer construcciones irregulares y tirar su cascajo en las calles. Ofrecía información de cómo y dónde tramitar permisos ante el Ayuntamiento para realizar obras.[49] También publicó sobre la escasez de agua en el mercado municipal, el mal estado de las jardineras públicas y un video de denuncia que mostraba pilas de basura acumulándose en la calle. Para finales de ese mismo año, el periodismo de Condés Jaramillo se volvió más local. Entre 2016 y 2018, Linno García Gama fue presidente municipal de Tejupilco. El 20 de octubre de 2016, publicó un video que muestra los coches de los regidores, estacionados sobre la calle frente al Ayuntamiento, complicando la vialidad de la zona. Con el video, el reportero añadió la siguiente explicación escrita:[50]

> [A] los ciudadanos nos molesta ver que la Presidencia sea parte del problema en vez de buscar la solución y más molesta ver que existen funcionarios que se ufanan de no ir a trabajar y les tienen su cajón apartado por policías municipales que están para otras funciones menos para eso. Señor presidente Lino García Gama: a usted el pueblo sí le regala su cajón pero a los demás urge que los quite, porque simple y sencillamente no vemos que se lo merezcan ante los magros e intangibles resultados que ofrecen

> como cabildo. Le sugerimos que adopte programas de estímulo entre sus subordinados para utilizar otros medios de transporte o lugares de estacionamiento y borre ese espacio que remarca la brecha existente entre los privilegiados amparados en el poder y los que somos mayoría y realmente lo ocupamos para llegar a gestionar o simplemente transitar libremente como lo marca la constitución política mexicana la cual, dicho sea de paso, está por encima de cualquier acuerdo de cabildo (sic).

Con la llegada de 2017, los temas del Observatorio del Sur se tornaron cada vez más políticos. En marzo, el medio publicó un reportaje sobre las malas condiciones del hospital regional.[51] En abril, Condés Jaramillo hizo un video promocional de su medio que llevaba la leyenda "rompe el silencio".[52] En mayo publicó un video con música dramática de fondo, resaltando momentos de la contienda electoral para gobernador del Estado de México, reclamando la falta de propuestas de política pública y criticando el contenido de las campañas, basadas en mensajes de desprestigio, mientras hacía un llamado a los ciudadanos a exigir mejores plataformas a los candidatos.[53]

Llama la atención que, años antes de incursionar en el periodismo, Condés Jaramillo buscó otras maneras de incidir en la vida pública. En 2011 fue candidato por el PRD para una diputación local, perdió. Para 2013, se enlistó como voluntario para conformar un grupo de autodefensa regional, el Frente Popular Campesino Revolucionario Francisco Villa, organizado por Luis Enrique Granillo Martínez, sin embargo, después de asistir a unos primeros entrenamientos, y después de la primera conferencia de prensa donde Granillo Martínez anunciaba la creación del grupo, el proyecto se detuvo. A Granillo y otros dos comuneros los desaparecieron la misma tarde.[54] Condés Jaramillo también trabajó en una radio comercial de la región, Radio Roca, donde aprendió sobre comunicación. Con el paso del tiempo, finalmente en 2016, fundó El Observatorio del Sur.

Como explicó en uno de sus videos, el medio producía una cobertura de interés público, bajo la línea editorial del medio, y otra parte del contenido la hacía por paga, produciendo videos patrocinados por políticos de la zona.[55]

Conforme avanzaba 2017, la cobertura de El Observatorio del Sur se volvía cada vez más mordaz. El 3 de octubre, Condés Jaramillo publicó un reportaje especial sobre el Hospital General Miguel Hidalgo y Costilla Bicentenario, el hospital de la Secretaría de Salud del Estado de México con base en Tejupilco.[56] El video de 22 minutos cubría una manifestación de los trabajadores del turno de fin de semana del hospital, quienes denunciaban que trabajaban bajo protesta por falta de insumos y materiales.

Los trabajadores, explicó el reportero, se quejaban de tener que gestionar la compra de medicamentos con los familiares de las personas enfermas. El desabasto llevaba meses. Condés Jaramillo pidió a su audiencia que le exigiera al gobierno una solución. "Esta cápsula está dirigida más bien a la sociedad", explicó, diciendo que todos, incluido él, podían terminar en ese hospital algún día, salvo los políticos que llevaban a sus enfermos al hospital de Toluca en helicóptero.[57] Entrevistó a más de cinco personas que se veían obligadas a pagar aproximadamente $1,500 al día en medicamentos además del costo del viaje por rancherías y ciudades aledañas para llegar ahí y de la espera de más de una semana por un espacio en el hospital.

Exactamente una semana después, el Secretario de Salud del estado, Gabriel O'Shea Cuevas, y el diputado local Anthony Domínguez Vargas, ambos funcionarios del PRI, hicieron una visita al Hospital General. Ese día, el 11 de octubre de 2017, Condés Jaramillo se plantó en la entrada, esperando a que salieran para entrevistarlos sobre la falta de medicamentos y respecto a una denuncia de desvío de recursos que involucraba al secretario y ascendía a 300 mil pesos.

"Viene saliendo el Secretario de Salud. Vamos a hacerle unas entrevistas, ¿no? Sobre qué está pasando aquí", comenzó Condés Jaramillo su transmisión en vivo, parado frente al acceso al hospital, ante una reja verde que separaba el patio de emergencias de la entrada al edificio.[58] Del otro lado de la reja estaban el Secretario de Salud y Domínguez Vargas, junto a personal del hospital. "Vamos a preguntarle qué pasa con las medicinas, con el desabasto, porque por algo vino, ¿no?" Mientras el periodista anunciaba que iba a realizar la entrevista, los funcionarios se detuvieron y, en vez de salir por la reja, dieron media vuelta regresando al interior del hospital. "Se está retirando otra vez. ¡Señor! ¡Señor! Ustedes lo ven, es claro. El señor, con el diputado, dan la vuelta. A eso vienen nada más: a dar la vuelta". Condés Jaramillo, visiblemente molesto, siguió narrando la situación mientras grababa e intentaba entrar al hospital, pero le cerraron la reja. "Nosotros somos ciudadanos y como ciudadanos tenemos derecho a que nos diga el Secretario de Salud y no nos corte la vuelta como ahorita lo hizo. Nosotros somos un intento de periodismo social. Somos personas que informamos periódicamente de lo que pasa. Queremos informar. Esto es lo que viene a hacer tanto el diputado local como el Secretario de Salud. No quieren dar la cara." Afuera, junto al periodista, se había empezado a congregar la gente que esperaba noticias de familiares internados. Con el micrófono, Condés Jaramillo se volteó a preguntarles su opinión.

Nevith Condés Jaramillo: Señor, ¿qué pasa?

Hombre en la entrada: Le da vergüenza dar la cara a la gente. Se esconde detrás de esa bola de gentes.

Mujer en la entrada: Exacto. No tenemos medicamentos hace dos meses. Todo lo tenemos que estar comprando.

Nevith Condés Jaramillo: Tienen dos meses, escúchenlo bien, que no hay paracetamol.

Mujer en la entrada: ¡No hay nada!

Hombre en la entrada: ¡No hay nada!

Mujer en la entrada: Ni ranitidina.

Nevith Condés Jaramillo: Ese es el problema. No hay nada, ni ranitidina ni omeoprazol. Imagínense ustedes. No hay tampoco bultos para cirugías, para cesáreas. No hay tampoco medicamento. Para acabar pronto, no hay nada. [...] y el señor prefirió salir por otro lado.

Mujer en la entrada: Se escondió.

Nevith Condés Jaramillo: Se escondió. [...]. Un llamado al diputado local, Anthony Domínguez Vargas, para que por favor...

Mujer en la entrada: Se fue también.

Nevith Condés Jaramillo: Que por favor de la indicación de que se nos abra [...]. La gente está desesperada.

Las entrevistas impromptu siguieron por un tiempo y finalmente el periodista intentó cerrar su transmisión con una reflexión. "No esperes tú, que me estás escuchando, que un día caigas aquí y te pase lo que le pasa a esta gente". Estaba por terminar el reportaje cuando la gente afuera del hospital se acercó nuevamente a él, visiblemente enojada, frustrada. El mismo hombre que había intervenido antes, con pantalones de mezclilla, camisa azul y un sombrero, volvió a pedir el micrófono.

Hombre en la entrada: Siendo que tienen lo del impuesto y no son suficiente hombres para dar la cara.

Nevith Condés Jaramillo: Ese es el reclamo popular. Fueron buenos para prometer en campaña y ahora no pueden dar la cara.

Mujer en la entrada: Que vengan a cumplir.

Nevith Condés Jaramillo: Que vengan a cumplir, dice también la señora. Es lo único que queremos. [...] Ahí están los representantes populares.

Mujer 2 en la entrada: ¡Nevith!

Nevith Condés Jaramillo: La señora quiere hablar...

Así pasaron 25 minutos, del periodista pasando de persona en persona transmitiendo los testimonios en vivo de la gente esperando noticias de sus familiares internados, narrando sus quejas hacia el servicio de salud público. Habló con rancheros, vendedores de elotes, amas de casa. La gente corroboraba la falta de medicina y los gastos de hasta $1,500 para conseguir medicamentos básicos de sus enfermos. "¿Crees que es justo?", terminó el reportaje.

A finales de ese mismo mes empezaron las amenazas. Una de ellas vino en un mensaje de celular enviado a través de un tercero, quien decía ser de parte de Anthony Domínguez Vargas, con una nota de voz. En la grabación, un hombre le advertía no publicar información del PRI. "Es lo que ellos no quieren, güey, que publiques nada del PRI y esa mamada, güey. Publica del PRD y esas madres si quieres".[59] Después llegaron dos más, éstas por Facebook. Los mensajes, haciendo referencia a un líder del crimen organizado en la región, "El Fresa", leían: "Yo no te quiero hacer nada, me gusta tu trabajo, pero no te metas con nosotros, hazle caso al diputado, ya no escribas nada, te estás metiendo en un pedo por andar hablando del diputado (sic)" y "dice 'el fresa' que le bajes de huevos con el Antony que ya no publiques nada de él, contra él (sic)".[60]

Hacia final de año, la cobertura de Condés Jaramillo bajó. Las amenazas coincidieron con que en noviembre lo operaron y ambas cosas lo obligaron a figurar menos y guardar silencio en los temas más polémicos. Con el cierre del año empezó también a moverse todo el tema político en la región. Se urdían nuevas alianzas que definirían las precampañas para las elecciones de presidente municipal en 2018. El mismo proceso que, con más de 30 millones de votos, llevaría a Andrés Manuel López Obrador a la Presidencia de la República en su tercer intento.

En enero, mediante un video con el título "El observatorio del Sur opinando... Ya viene la grilla", Condés Jaramillo anunció el lanzamiento de una nueva vertical en su medio de comunicación para cubrir las contiendas electorales: El Observatorio Político. Con esa nueva página de Facebook, las cosas empezaron a complicarse de manera estrepitosa. La tormenta empezó con un video donde el periodista dijo lo siguiente:[61]

> Ninguno de esos candidatos emana del pueblo. La mayoría es gente que anda de chambera, nada más. [...] Gente que realmente no tienen estructura, gente que realmente, hasta ahorita... le voy a ser sincero: el de siempre es el que ha mandado y es el que seguirá mandando. No lo voy a mencionar, el señor de la V. Ese señor, nos guste o no nos guste, es el que sigue mandando. La verdad. ¿Por qué? Porque es el que tiene el grupo electoral más fuerte. Bueno, vamos a decirlo, claro, no me aguanto. Isael. El grupo de Isael Villa es el que ahorita tiene la mejor organización dentro del priismo y en los demás partidos.* Porque aquí en Tejupilco, tanto todo el sur, nada más la contienda va a ser entre dos partidos: PRD y PRI. Morena no existe, hasta ahora no existe. No creo que den sorpresas la verdad. Sobre todo, aquí en Tejupilco donde realmente no se sabe nada, absolutamente, y no se puede, ante una maquinaria de dinero, ante una maquinaria bien aceitada donde ya tienen compromisos por varios trienios. [...] (sic)

***

A finales de marzo de 2018 todos los partidos tenían candidatos oficiales y, para sorpresa del periodista, Morena se presentó con planilla completa. Todavía más inesperada era la elección de ciertos perfiles del nuevo partido, especialmente la del candidato para alcalde. La primera entrevista que Condés Jaramillo realizó a través de El Ob-

* Isael Villa Villa había intentado ser el candidato por el PRI para alcalde en 1990, pero perdió contra Mario Gabino Ugarte en las internas. Después se le señalaría de plantar el volante acusando a Gabino Ugarte del robo de la virgen, acusando a Gabino Ugarte. Con el tiempo, Villa Villa llegó a ser presidente municipal de Tejupilco, de 2009 a 2012. Pero el control que tuvo sobre la vida política del municipio fue constante.

servatorio Político fue a Yolanda Flores, candidata por Morena para la diputación del distrito 36. En esa primera entrevista, el periodista empezó a tocar el tema del candidato a alcalde, que parecía afectarle de manera particular.[62]

Nevith Condés Jaramillo: ¿Qué onda? ¿Ahora sí ya, formalmente, ya hay candidata para el distrito 36?

Yolanda Flores: Claro que sí, ya somos, perdón, soy, candidata ya oficialmente para el distrito 36.

Nevith Condés Jaramillo: Hablando de somos, ¿cómo ves la elección de candidatos de los demás, de los que ahorita están aquí, ahora sí que siendo seleccionados para el sur?

Yolanda Flores: Pues mira, en relación a ese tema te diré que me deslindo completamente. No influyó en mí. Además, ahora sí que como lo dice el licenciado: quien soltó al tigre, que lo amarre. La Comisión Nacional de Elecciones es la responsable y que se arreglen con ellos.

Nevith Condés Jaramillo: Perfecto. Oye, Yola, entonces lo que me tratas de decir es simple y sencillamente que tú no tienes nada que ver con la elección de candidatos. Tú fuiste escogida y esto ya es la Comisión Nacional. Aquí lo que es Tejupilco, principalmente por cierto candidato, hay cierto ahora sí que discordia. Entonces te deslindas.

Yolanda Flores: Me deslindo completamente. De hecho, estoy en desacuerdo por estas posturas que se tomaron a última hora. No apruebo esto. Te digo, que se arreglen ellos.

Ese mismo día, el 29 de marzo de 2018, iniciaba la licencia indefinida que el congreso del estado le había concedido al priista Manuel Anthony Domínguez Vargas,[63] aquel joven que en 2015 ganó el curul a sus 23 años y que, en 2017, presuntamente mandó amenazar al periodista por su cobertura del Hospital General. En un giro inesperado, la licencia de su posición legislativa la usaría para lanzar su candidatura para la presidencia municipal de Tejupilco, pero no por el PRI. Anthony se acababa de convertir en el nuevo candidato a alcalde por Morena, designado de último minuto, desplazando a Angélica María Colín, una mujer que hizo trabajo de base con el partido durante años y presentó sus papeles para darse de alta como candidata oficial de Morena por la coalición que conformaba el partido con Encuentro Social y el Partido del Trabajo.[64]

Una semana después, el periodista volvió a entrevistar a Yolanda Flores, la candidata a diputada por Morena, posiblemente porque no tenía acceso a ningún otro candidato o funcionario de Morena en la región:[65]

Nevith Condés Jaramillo: Yo te pregunto, también hablando de eso de lo que tú me estás diciendo, del cochinero, de la corrupción. La gente dice que está hasta la madre de la corrupción. Pero ahora, Morena aquí, hay quien dice también que hay candidatos que son más de lo mismo. ¿Cómo que hay candidatos que estaban en el PRI y ahora están en Morena? ¿Qué me puedes decir de eso?

Yolanda Flores: Decirte que Morena abrió tanto las puertas que permitió la llegada, desafortunadamente, de muchas personas que no tienen que estar acá. Sí es un partido abierto. Tienen que sumarse. Pero el hecho de que digas "me sumo" no significa que tengan que encabezar. Porque desafortunadamente se dice de ex presidentes, ex esto y ex otro, pero vienen manchados y eso nos está afectando a los miembros.

Nevith Condés Jaramillo: ¿O ex diputados? ¿Ex diputados que ahora son candidatos para presidentes?

Yolanda Flores: (Hace un gesto de incomodidad y asiente). La ciudadanía está manifestando su inconformidad. Yo, de manera también muy personal, no estoy de acuerdo en cómo se hicieron estos acuerdos.

Nevith Condés Jaramillo: ¿Y tú eres una imposición? ¿O vienes desde abajo?

Yolanda Flores: Con gusto les digo que mi candidatura fue respaldada por las bases.

Nevith Condés Jaramillo: Oye, ¿pero a Morena cómo le vamos a creer si ahorita está metiendo gente del PRI? Es lo que se pregunta la gente, ¿cómo les vamos a creer si anda metiendo gente del PRI?

La candidata respondió que se trataba de una estrategia del partido para ganar. Que los designados de último momento eran personas que prometían muchos votos garantizados para Morena. En los comentarios de la entrevista transmitida por Facebook, alguien le preguntó al periodista si no iba a entrevistar a Anthony Domínguez, ya que las alusiones a su candidatura eran obvias. Condés Jaramillo respondió que el candidato no aceptaba las entrevistas, pero advirtió de manera críptica: "Sabe lo que hizo y lo haremos saber en su momento".[66]

Durante esas fechas, el reportero publicó videos informativos sobre *bots* y *trolls*. En la descripción de uno de eso videos escribió: "Checa bien lo que significan estos dos términos, y más en estas campañas electorales porque seguramente habrá muchos de ellos y es importante que estemos informados. NO TODO LO QUE DICEN EN FACE ES VERDAD, y menos de perfiles falsos. Así que, Guaches, Hay que estar a las vivas!! (sic)".[67] En sus siguientes transmisiones, el periodista se quejaría constantemente del daño que sufría a causa de insultos, desacreditaciones y difamación por parte de *bots*.

Las campañas arrancaron el 24 de mayo de 2018.* El Observatorio Político cubrió el arranque de los dos contendientes más fuertes para alcalde: los candidatos del PRI, Ing. Lino García Gama,

---

* El Partido de la Revolución Democrática (PRD) fue en alianza con el Partido Acción Nacional (PAN) y el Partido Movimiento Ciudadano (MC) con la coalición "POR EL ESTADO DE MEXICO AL FRENTE" que postuló como candidata a presidente municipal a María Elizabeth Santín Méndez. Ni El Observatorio Político ni El Observatorio del Sur le dieron mayor cobertura a esta campaña.

quien buscaba la reelección como alcalde, y de Morena, Manuel Anthony Domínguez Vargas. El video que realizó El Observatorio del Sur para cubrir el arranque de la campaña de Domínguez Vargas duró 23 segundos. Era una toma aérea grabada con dron donde se veía un manojo de personas rodeado de coches. El reportaje llevaba de título: "Decepcionante arranque de Anthony con MORENA TEJUPILCO :(".[68] Con la siguiente descripción: "a ver si Anthony es lo que tanto presumen de llevarse toda la gente pa´su campaña y oh sorpresa!! JUNTA MÁS UN ATROPELLADO!! (sic)"[69] El breve video tuvo 9 mil vistas, 6 mil más que el reportaje del arranque de campaña del candidato del PRI, un evento oficial que Condés Jaramillo cubrió personalmente en una transmisión en vivo que duró más de una hora.[70]

Era evidente el trato desigual en la cobertura de ambas campañas. Quizá la disparidad respondía a que Condés Jaramillo recibía un pago del Ing. García Gama para cubrir su campaña, como material patrocinado, cosa que explicó el reportero. Tal vez el periodista intentaba equilibrar las balanzas dado que uno de los periódicos mejor conocidos de Tejupilco, *El Nativo*, era propiedad de los papás de Domínguez Vargas, candidato por Morena. Como explicaría el propio periodista en una transmisión esa misma noche, parte de la disparidad respondía a que Domínguez Vargas lo había amenazado meses antes por hacer su trabajo. Lo cierto es que algo debió suceder, además de las múltiples críticas en los comentarios del video sobre la cobertura del evento del PRI, porque Condés Jaramillo publicó un video testimonial pasadas a las 21:00 esa misma noche.

Estaba sentado en un sillón, vistiendo una playera tipo polo color rosa, viendo hacia la cámara. Atrás del periodista, al menos dos de los colaboradores de El Observatorio trabajaban en sus computadoras. Condés Jaramillo sudaba. Le costaba trabajo modular el volumen de su voz. "Gente que no me conoce, mi nombre es Nevith Condés Jaramillo. Soy el director a cargo de este proyecto, el cual es un proyecto que empieza a tener problemas porque a sus escasos dos años de haber iniciado, ya tan pronto, hay gente que se siente molesta con nuestro trabajo", explicó. "¿Y quién es esa gente? Pues esa gente es esas personas que últimamente se dedican nada más a estar viviendo de gorra, a estar viviendo de pechito, del erario público". Habló de los *bots* que lo atacaban constantemente, impidiéndole hacer su trabajo. "Son ustedes, son ustedes los que no están conformes con mi trabajo. ¿Y saben a quién me refiero? A ustedes: Anthony Domínguez Vargas y a su padre Manuel Domínguez Ramírez. Ese es el problema. Lo vengo a denunciar públicamente". Acto seguido, el periodista, con una voz cuyo volumen flaqueaba, dijo tener pruebas de que lo estaban amenazando. Dijo que El Observatorio del Sur tenía más éxito que *El Nativo* y que la familia Domínguez no lo soportaba. "Vean el ejemplo hoy, ahí está el video, bueno si Anthony no tiene más que 300 gentes ahí en su arranque de campaña, yo no tengo la culpa. ¿Lo critico? Pues sí, porque ha sido un ojete con nosotros, como con mucha gente lo ha sido. ¿Sale? ¿Cuál ha sido el problema contigo Anthony? Que nunca has aguantado que yo te critique. Ese es tu problema. Que nunca has aguantado que yo te critique". Acusó a Domínguez Vargas de mandar *bots* para amedrentarlo.

Era evidente que, en el tenso ambiente de campaña, la polarización en Tejupilco también estaba exacerbada. "¿Y saben que me asombra? Me asombra que cabrones de Morena que andaban de arrastrados hace tiempo aplaudiéndome, ¿sí? Aplaudiéndome porque yo criticaba a Anthony porque era Anthony priista ahora me critican porque estoy criticando a su candidato que no levanta ni con gato". Condés Jaramillo se molestaba cada vez más. "En octubre de 2017 me amenazó. Me dijo: 'Oye ya bájale. Ya bájale. No queremos que tú te metas con Anthony'. Gente de Anthony viene conmigo y me dice no queremos que tú te metas con Anthony y si no, te vamos a levantar. Me empezaron a hacerla de pedo. Me la empezaron a hacer de tos. ¿Qué fue lo que pasó? Pues me tuve que defender.

Me tuve que quedar callado". Sin embargo, con Domínguez Vargas en licencia del congreso, Condés Jaramillo se sentía menos vulnerable para hablar. "Ahora Anthony ya no eres diputado. Ahora eres un ciudadano más. Y ahora por eso sí te critico directamente. Y no me ando con mamadas de que *bots* y todo eso".

Parecía que lo que más le afectaba al periodista era que los *bots*, y algunos usuarios reales, le decían vendido. "Nada más vendemos espacios, no convicciones. A los partidos se les asigna un presupuesto para que gasten en nosotros los medios. Y así como a nosotros, a todos los medios del sur, les pagan por espacio", explicó. Dijo que el problema con Domínguez Vargas no era político, sino de competencia. En dos años, El Observatorio había reunido más de 21 mil seguidores y *El Nativo*, en 8 años, tenía solamente 14 mil. Sin embargo, el problema de popularidad en medios está estrechamente ligado a un tema de poder que permite a quienes controlan los medios, presentar una perspectiva de los candidatos e influir en la opinión pública. "Lo que pasa es que ustedes son unas personas, padre e hijo, que ya están acostumbradas a vivir del poder. Del dinero mal habido. Ese es el problema".

Es impresionante que, en medio de amenazas reales y un ambiente político encendido, Condés Jaramillo le prestara tanta atención a los comentarios de las redes sociales. Pero no se trataba de una simple exageración. Los *trolls* y *bots* causan un daño significativo en sus víctimas, especialmente en los periodistas. Según el reporte de RSF, "Hostigamiento de periodistas en línea: los *trolls* atacan",[71] estos ataques están diseñados para intimidar a los reporteros hasta silenciarlos. En específico, el reporte describe a México como "un país donde las campañas de desinformación en línea usan cuentas falsas y *bots* (programas para generar publicaciones automáticamente), han alcanzado niveles sin precedentes (sic)". Según el mismo informe, las redes sociales "son el nuevo campo de batalla durante las campañas electorales [...] El aplauso virtual de *bots* y publicaciones falsas amenaza la integridad del debate público al ahogar el contenido periodístico y crear una asimetría de contenidos". Otro elemento a tomar en cuenta es que los *trolls* y *bots* tienen como propósito atacar la reputación del periodista, no los hechos que éste presenta. A menudo se habla de los "intereses" del reportero, "periodistas vendidos" o "prensa sicaria" para sugerir que un reportaje, una denuncia o una nota están motivados por algo más que el interés público y que su decisión editorial puede ser comprada para afectar a los señalados. Hemos visto incontables ejemplos de este tipo de ataque durante el sexenio del presidente Andrés Manuel López Obrador por parte del propio presidente durante sus mañaneras, mismo ejercicio que se institucionalizó con la inauguración de la sección semanal de la conferencia de prensa llamada "Quién es quién en las mentiras", donde se señala y etiqueta a las y los periodistas como mentirosos y vendidos. Lo que le estaba pasando a Condés Jaramillo no era atípico y su caso no fue la excepción. Según la autora Julia Ebner en su libro *Going Dark: The Secret Social Live of Extremists*, "el ecosistema de nuevos medios ha dado pie a guerras en línea sobre la verdad y el poder, y el internet se ha convertido en un campo de batalla informativo". [72]

Condés Jaramillo siguió su diatriba, leyendo comentarios de cuentas que describió como *bots* en voz alta: "Tenemos 35 días nada más para poder hacer realmente una investigación entre los candidatos y ver quién es el verdadero candidato, el que va a ofrecernos verdaderas propuestas para arreglar el agua, el que va a ofrecernos verdaderas propuestas para arreglar lo de la basura, para arreglar lo de los baches, los transportes, las carreteras, la falta de alimentos en el hospital". Además de enojado, parecía desesperado intentando transmitir un mensaje que aparentaba no resonar con una audiencia que estaba cada vez más poblada por usuarios cuyo único propósito era desacreditar e insultar al reportero. "Ya estoy hasta la madre, en serio. Ya estoy hasta la madre de que este par de sujetos me estén atacando y difamando", dijo refiriéndose al candidato y su padre, el dueño del periódico tradicional del pueblo.

Dijo que estaba en contacto con Article 19, la organización que vela por la protección de periodistas y acceso a la información, y que tenía buena relación con ellos. "No estoy solo. No estoy solo", repitió. "En su momento voy a dar a demostrar las URL de los diferentes *bots* y quien los manejan. Para que vean, cabrones, que no estoy solo. ¿Eh?"

A pesar de que el reportero se distraía con algunos comentarios y tocaba otros temas, terminaba regresando al candidato por Morena y a los *bots*. "Y Anthony Domínguez Vargas, ponte a trabajar. Yo no me meto con las cosas personales. No me interesa. Me interesa los dineros del pueblo, me interesa las obras, el cumplimento de su palabra. Eso es lo que Anthony no hizo. Si [los de Morena] se hubieran juntado, ya lo hubieran sacado desde qué horas ya le hubieran puesto las zapatillas de ballet y se hubiera ido bien de puntitas con vuelta y media a su casa porque en el PRI ya no lo quisieron".

Sacó su celular y, todavía en vivo, reprodujo uno de los mensajes de voz donde un hombre lo amenazaba por cubrir a Domínguez Vargas en 2017, cuando era diputado del PRI. Dijo también que sabía de muchas personas amenazadas por el papá del candidato, el dueño de *El Nativo*. "Y allá ustedes si votan por un candidato que amenaza, que no le gusta la crítica. Está loco el guache. Hay que comprarle un traje de papel periódico para que madure, como los aguacates".[73] La transmisión terminó con un Condés Jaramillo fúrico, su frente cubierta de sudor y las manos temblorosas. Al final, el video tuvo más 16 mil vistas y más de 250 comentarios. El alcance del periodista era brutal. Todo el municipio de Tejupilco de Hidalgo tiene alrededor de 70 mil habitantes, pero la cabecera municipal, que es el pueblo donde se concentra la mayor cantidad de votos, tiene 25 mil habitantes aproximadamente. Con un video, Condés Jaramillo llegaba al 64% de la población del pueblo y al 22% de la población del municipio.

El resto de la campaña se desarrolló más o menos igual hasta que, el 2 de junio de 2018, Andrés Manuel López Obrador visitó Tejupilco. El Observatorio Político cubrió todo el evento en el que, el entonces candidato presidencial habló sobre una tribuna, rodeado de los candidatos de su partido para puestos de la región. El centro de Tejupilco estaba atiborrado de gente reunida frente al escenario del evento, la muchedumbre compraba comida en la plaza, desbordándose hasta las escaleras de la iglesia. La gente aplaudía, gritaba, levantaban pancartas en contra y a favor de Morena y de López Obrador. Cada candidata y candidato, vistiendo camisas blancas con el logo del partido, se presentaron al frente del micrófono, saludando a la multitud, diciendo su nombre y la posición por la cual contendían. Finalmente, respondiendo a una cartulina que señalaba la imposición de candidatos, López Obrador dijo que no importaba tanto el partido o la persona, sino el proyecto de nación. Entre el público cautivo, había una mujer vestida con pantalones de mezclilla y una camisa polo color vino con el logo de Morena, a quien ese discurso no pareció convencerle en lo absoluto. Era Angélica María Colín Martínez, y Condés Jaramillo la encontró antes de que la gente terminara de dispersarse para entrevistarla:

Nevith Condés Jaramillo: Aquí estamos, ahora sí que con Angélica Colín. Ahora sí que, para muchos, pero muchos, pero muchos, la auténtica candidata de las bases de Morena. Ahora sí que me refiero, les guste o no les guste, el morenismo real, el de cepa, el que hizo Morena en Tejupilco. ¿Qué tal, qué tal? Más no te puedo presentar mejor, ¿verdad?

Angélica Colín Martínez: Muchas gracias, Nevith. Mira, pues estamos aquí tristes, molestos, nos sentimos decepcionados, traicionados. Porque, definitivamente, yo creo que si hablamos de democracia tenemos que saber qué significa eso. [...] Tenemos una descomposición muy grande. Pero Andrés es el líder que decía que la gente primero, que los principios: no robar, no traicionar, no mentir.

A nosotros, la Comisión Nacional de Honestidad y Justicia nos traicionó. Porque se cumplió con los estatutos, con todo lo que mandaba para poder participar en esta contienda electoral y ahora resulta que, de la noche a la mañana, en un miércoles santo, nos aparece en el dictamen "Anthony".[74] Entonces decimos, ¿de qué se trata? ¿De qué estamos hablando? ¿Cuál honestidad? ¿Cuál justicia? [...].

Nevith Condés Jaramillo: Tú me dices bien claramente que no estás de acuerdo con Anthony. Primera, porque por los estatutos no le correspondían por género. Y segunda que no le corresponde porque no representa lo que es Morena.

Angélica Colín Martínez: Es correcto. Desde el principio se dijo que iba a haber una alianza. Los tres partidos que eran: Morena, Encuentro Social y el Trabajo. El señor no viene ni por Encuentro Social ni por Trabajo. El señor es el diputado local del PRI, pide licencia para participar, ¿entonces de qué estamos hablando? ¿Cuál alianza? ¿Cómo viene a participar de la noche a la mañana? [...].

Nevith Condés Jaramillo: Así nos distinguimos en El Observatorio. Así somos de polémicos. Hay veces que nosotros tenemos que tirarle al PRI y el PRI nos dice chairos. Hay veces que tenemos que decir la verdad de Morena y nos dicen vendidos. Señoras y señores, nuestro periodismo no es monedita de oro. Es simple y sencillamente un espacio para el ciudadano, para los que realmente se trabajaron la madre y antes de cualquier partido, antes de cualquier equipo de futbol, está la lealtad a tu familia, a tu gente. Y en el sur nuestra gente, la trabajadora, para mí no se vale que la dejen fuera.[75]

***

Anthony Domínguez Vargas ganó las elecciones, convirtiéndose en el primer alcalde morenista de Tejupilco de Hidalgo y en el segundo alcalde en la historia del municipio de un partido distinto al PRI.[76]

La cobertura de Condés Jaramillo se mantuvo constante, prestando especial atención a temas sociales. En los primeros meses de 2019 cubrió historias de personas enfermas, hizo colectas a través de su medio para recaudar fondos de tratamientos médicos, narró las trágicas historias de víctimas de accidentes viales, cubrió inauguraciones de restaurantes, de hoteles hizo reportajes de "limpiatones" organizados por jóvenes de la región y sobre incendios. También mantuvo su cobertura sobre las fallas de la administración pública y encausó la insatisfacción social de quienes estaban más frustrados con el gobierno de Domínguez Vargas.

El 31 de mayo de 2019, por ejemplo, entrevistó a un grupo de padres de familia de la Primaria Cristóbal Hidalgo, una escuela con construcción pendiente.[77] "Yo sí estoy muy molesta con Anthony por el hecho de cómo se refirió a nuestro director", dijo la primera entrevistada, quien tenía tres hijos en esa escuela, haciendo referencia a un evento donde el director de la primera le pedía al alcalde entrar al plantel para ver lo que necesitaba la escuela, a lo que Domínguez Vargas se negó. La entrevistada continuó, dirigiéndose directamente al presidente municipal, invitándolo a ir a la escuela: "Para yo decirte en tu cara cuántas veces has dejado de apoyar, cuántos apoyos nos debes, y para decirte en la cara que ni siquiera presidente puedes ser", dijo furiosa.

A continuación, Condés Jaramillo entrevistó a una segunda madre con su niña en brazos. "Ellos tienen que estar en una escuela bien, digna. No sé por qué el presidente se niega a apoyarnos". Lo acusaron de negarle recursos a la escuela porque el director de la primaria no apoyó económicamente su campaña para alcalde. Los padres de familia dijeron que los arreglos que tenía la escuela los pagaron ellos.

"Les voy a ser sincero", resumió el periodista, "esto sucede en todos los municipios del sur, que si es amarillo, que si es tricolor, que si es guinda." La diferencia, dijo, fue que en Tejupilco, la gente había pedido levantar la voz a través de El Observatorio del Sur. La petición de los entrevistados era simple. "A lo que yo más o menos, ahorita he estado escuchando, creo que son por ahí grava, arena, cosas que no pasan por 10 mil pesos, para los 300 millones que llegan a la presidencia, imagínate, cuánto material no hay".

Un padre, que hacía algunas reparaciones en la primaria como voluntario, dijo que habló con Domínguez Vargas personalmente y estaba harto de que prometiera cosas que no cumplía. "Al presidente le dije, señor presidente, no te presiones, namás dinos que día y en qué tiempo nos lo entregas… su cara, su cara de a ver qué contesto". Lo que había prometido y no les entregaba, causando tanto coraje, eran 5 toneladas de cemento para terminar los pisos del plantel. Según el cálculo de Condés Jaramillo, la tonelada estaba en mil pesos. Ese mismo padre matizó diciendo que, "afortunadamente nos dio arena y grava. Uno y uno. Puta, cabrón, fue extraordinario. Lo entregó en 15 días porque se le estuvo yendo a buscar". Pero del cemento, nada. El padre estaba desesperado, especialmente porque, como dijo, los recursos faltantes para cemento estaban detenidos por el alcalde personalmente.

"Les agradecemos mucho su atención y, sobre todo, su participación. Una sociedad organizada y participativa es la única que puede realizar esa dichosa transformación", finalizó Condés Jaramillo.

Dos semanas después, el periodista publicó otro reportaje sobre otra escuela. Fue a la primaria Centenario del Ejército Mexicano en Río de Aquiagua, que estaba en condiciones paupérrimas, mucho peores que las de la escuela del reportaje anterior. En esa primaria había lonas en vez de techos y paredes, palos en lugar de columnas, y todos los patios estaban inundados. En "Escuelas jodidas del sur", el periodista entrevistó a los padres de familia y estudiantes de la primaria que esperaba obras desde el temblor de 2017. Un par de niños de aproximadamente de 12 años sostenían una cartulina: "nosotros los niños exigimos que construiian nuestras aulas (sic)".[78]

Los padres de familia le enseñaron las solicitudes de atención que habían enviado a todas las autoridades, desde el Gobierno Federal, pasando por el estatal hasta el Ayuntamiento. "Aprovecho también para decirle, a la gente del presidente municipal, que ni empiece por favor a estar aquí escribiendo tontería y media en favor de sus intereses político-personales. Porque eso hace que la gente no participe, ¿sale? No atenten contra la libertad de expresión", dijo Condés Jaramillo.[79] El reportaje terminó mostrando los pocos salones que quedaban después del derrumbe del terremoto, las paredes estaban agrietadas y se veían las columnas humedecidas bajo la pintura descarapelada. Al final del video, el reportero pidió que el gobierno respondiera, así como había respondido en el caso de la escuela del reportaje anterior, agradeciendo a la autoridad municipal. "Por favor, escúchenos", dijo un padre de familia, "necesitamos de ustedes, así como antes necesitaron ustedes de nosotros con nuestro voto".

El 24 de junio de 2019, dos semanas después del último video disponible en El Observatorio del Sur sobre escuelas, las amenazas contra el periodista volvieron a iniciar. "De acuerdo con el periodista, un sujeto que se identificó como parte del crimen organizado exigió que bajara el video, le marcara a 'Anthony' y le pidiera perdón", registró Article 19.[80] Según el reporte de la organización, el video al que hacía alusión la amenaza era un reportaje de una primaria, sin embargo, el último video de una escuela que se puede consultar en la página de Facebook de El Observatorio del Sur es de 11 de junio. Quizá hubo otro video el 24, que efectivamente tuvieron que bajar después de la amenaza.

Ese mismo día 24, el reportero publicó otro video. Era sobre las malas condiciones de trabajo de los recolectores de basura. Mostraba a los empleados con ropa casual, no de trabajo, y sin material especial para recolectar residuos. Los grababa en la calle, bajo la lluvia, mientras explicaba la situación. Era un video sencillo, de 4 minutos, en el que no entrevistó a nadie. Según explicó, los empleados no quisieron hablar por miedo a represalias. En ese video, Condés Jaramillo hizo alusión a la amenaza que había recibido horas antes.[81] En la descripción del video, Condés Jaramillo escribió: "Esperamos que el presidente tampoco intente por tercera vez amenazarnos por estas cosas, ya que es nuestro trabajo y sino le gusta pues equipe a los del Departamento de Limpia, señor (sic)".

El 1 de agosto de 2019, Condés Jaramillo publicó su último video sobre una escuela. En 6 minutos, mostró las malas condiciones de la primaria Carlos Hank González en Sauz de San Lucas. El plantel tenía vidrios rotos y baños destruidos. Entrevistó a los padres de familia. Esa escuela también esperaba reconstrucción desde el sismo de 2017. "El avance, en sí, de la obra es como de un 70%", dijo el reportero, "pero descubrimos que de ese 70, se le debe a la constructora. O sea, hay gato encerrado".[82] La encargada de la escuela ahondó. "Queremos, y exigimos también, yo como autoridad a cargo de esta institución, que por favor hagan un contrato ya. Que le paguen a la constructora para que los niños regresen".

Las últimas dos semanas de su vida, Condés Jaramillo publicó reportajes de incendios, cubrió un conflicto territorial entre comuneros y el Ayuntamiento, señalando abuso de poder del presidente municipal por apropiarse ilegalmente de una propiedad de los comuneros para construir un centro comercial.[83] [84] [85] Les dio el micrófono a los comuneros, denunció que la policía municipal los había amenazado en la noche y retó públicamente al alcalde para que tomara el micrófono. Gente de la zona dijo que el tema de los comuneros había sido muy delicado. Después del homicidio de Nevith, hubo quien nos insinuó que Villa Villa había manipulado a Nevith durante la cobertura de los comuneros para aumentar la animadversión que existía con el alcalde Anthony Domínguez Vargas. Esas fuentes incluso llegaron a insinuar que Villa Villa podía estar detrás del homicidio: matar a Nevith sabiendo que Domínguez Vargas parecería el culpable, para arruinar la reputación del alcalde presumiblemente como venganza por cambiar de partido y quitarle Tejupilco al PRI para entregarlo a Morena. Villa Villa falleció durante la pandemia del coronavirus, en 2021. La idea de que estuviera detrás del asesinato del periodista me resulta demasiado complicada y enredada, máxime para un hombre que estaba al final de su vida. Como dicen los detectives cuando citan el principio lógico de la navaja de Ockham: la explicación más sencilla suele ser la correcta.

Esos días, Condés Jaramillo también cubrió un evento fuera de lo común. Se trataba del derribo de un helicóptero privado por parte de la policía estatal en la comunidad Rincón de Aguirre durante el día del padre de 2019.[86] [87] Según los testimonios recabados por el reportero, el helicóptero se había pagado entre todo el pueblo para transportar a unas señoras enfermas al hospital general. En efecto, a bordo del helicóptero sólo estaban ellas, quienes sobrevivieron a los balazos y a la caída del vehículo. Los habitantes acusaban a la policía de amedrentarlos, entrar a sus casas sin permiso y perseguirlos a balazos durante ese día, causando pánico.

Entre los temas más duros también mantuvo su crítica al alcalde. Transmitió el testimonio de dos concursantes en el certamen de belleza Señoritas Fiestas Patrias Tejupilco, quienes se quejaban de la organización del evento y denunciaban nepotismo en la designación de organizadores. "En esta ocasión, pongan atención, puesto que nos solicitan a nosotros para poder atender un caso y darle voz, sobre todo. Eso es lo que hacemos en el Observatorio: darle el micrófono a la gente que siente que sus derechos son estropeados," dijo el reportero iniciando la transmisión.[88]

Una vez más, el periodista terminaba señalando a los mismos responsables: la hermana del presidente municipal, quien había recibido un puesto en la organización del certamen. "¿Hasta dónde es la injerencia de la familia del presidente, hasta dónde acaba?, que en todo se mete. ¿Hasta dónde? Organizadores del evento, en la presidencia del DIF, en fin… ¿No que no hay nepotismo? ¿Hasta dónde se acaba el poder de la presidencia?", cuestionó Condés Jaramillo.[89]

Finalmente llegó el 23 de agosto, noche en la que Nevith Condés Jaramillo transmitió el caso del bache en Rincón de López en el que el Ayuntamiento se negaba a ayudar. La siguiente mañana apareció su cuerpo sin vida con heridas de arma punzocortante. Los medios locales reportaron cuatro heridas mortales.

Después del homicidio del periodista, su amigo, el músico José Jesús Salinas Espinoza, le compuso el siguiente corrido:

Amigo del pueblo

Les traigo este corridito
desde mi región sureña
donde el pueblo es calladito
pero hay una voz que sueña
gritando fuerte muy fuerte:
"no se callen guaches compas,
más bien parientes".

Andaba en su motoneta
periodista era mi compa
hablando siempre la neta
con valor nunca con miedo
con su camarita en mano
reportando, transmitiendo,
publicando de lado a lado.

Conocido entre los ricos
distinguido entre los pobres
por pedir siempre justicia
sin cobrar ni avaricia
solo pedía que se oyeran
nuestras quejas, sentimientos,
la voz del pueblo.

Hombre muy inteligente
nadie lo podrá dudar
siempre ayudando a la gente
decía, "sobres, que hay que dar"
del trabajo y de su casa
sin pensarlo ni dudarlo
abría puertas de par en par.

Era de buena familia
de la economía del centro
tenía buena ideología
su voz corría como el viento
publicaba en El Observatorio
las noticias, inquietudes,
sus palabras con mucho sustento.

Disputa en sí no hay detalles
la cosa está muy cabrona
solo pido no te calles
si esto no se soluciona
soy el Chuchín, tu carnal
del Baile del Pueblo,
como tú lo bautizaste.

Un sábado a mediodía
se rumoraba en el pueblo
la muerte de un camarada
y nadie podía creerlo
Nevith Condés Jaramillo
Nevith Condés Jaramillo
se escuchan tus palabras,
tu legado, aquí, desde el cielo.

Hoy porque era mi pariente
como también era my friend
nunca se rajó mi compa
siempre feliz como un guache
con la sonrisa en su rostro
reflejando alegría, audacia
para seguir trabajando.

Un sábado a mediodía
se rumoraba en el pueblo
la muerte de un camarada
y nadie podía creerlo
Nevith Condés Jaramillo
Nevith Condés Jaramillo
se escuchan tus palabras,
tu legado, aquí, desde el cielo.

***

Nuestro último día en Tejupilco, decidí finalmente hablar de Condés Jaramillo de manera más abierta. Lo hice con una persona, al interior del panteón, antes de visitar la tumba del reportero. Creí que era un ambiente controlado y privado donde podíamos hablar sin tanto recelo. Pero, como los rumores, la información en el pueblo tenía su propia lógica; corría por canales imperceptibles y a velocidades estrepitosas. Al salir del cementerio, aproximadamente cuarenta minutos después, la gente en la calle se nos quedaba viendo de manera distinta. Dos personas en la banqueta se acercaron a preguntarnos si nosotras éramos quienes preguntaban por el periodista asesinado. La gente lo quería, nos decían, sobre todo los más desprotegidos. Nos recomendaron ir a una colonia pobre a unos minutos de ahí, donde él pasó mucho tiempo, para hablar con la gente. Una vez en el coche, decidimos asomarnos a esa colonia antes de salir del pueblo. Al llegar, notamos algo raro de inmediato.

Primero escuché un zumbido. Después el otro. A través de los espejos, vi que se trataba de cuatro hombres montados en un par de motos, acercándose rápidamente al coche en el que avanzábamos lento en una calle que, a excepción de nosotras y ellos, estaba totalmente vacía. Era una situación de total indefensión, tres desconocidas en una colonia de gente escondida en sus casas, a la mitad de una calle vacía con dos motos en la cola. Por eso mismo me queda claro que no querían hacernos nada más que asustarnos. Si hubieran querido hubieran hecho algo más y no habríamos tenido manera de detenerlos.

Cuando estuvimos en Tejupilco, la gente no hablaba de manera despreocupada y envalentonada como se les ve en los videos de Condés Jaramillo. Quizá simplemente no confiaban en nosotras, tres completas desconocidas. Pero creo, también, que el silencio que presenciamos fue una de las consecuencias del asesinato del periodista. Hay un dicho viejo que dice que los periodistas son como canarios en minas de carbón. Durante décadas, los mineros bajaban con un canario y lo soltaban antes de explorar las zonas más profundas a las que no se habían adentrado. Si el canario sobrevivía, ellos también podrían hacerlo. Pero si, por el contrario, la mina emanaba sustancias tóxicas, el canario sería el primero en morir, previniendo a los mineros. Pienso en Condés Jaramillo como ese canario. Su muerte sirvió para alertar al resto de Tejupilco, quienes pudieron prevenirse callando a tiempo. Quizá, precisamente, para eso mataron al periodista: como una advertencia para el resto de la comunidad que cada vez se veía más activa y participativa, consciente de sus derechos como ciudadanos y dispuestos a exigir su cumplimiento.

Resulta particularmente impresionante la absoluta claridad de Condés Jaramillo en su rol como periodista y su convicción en ello, especialmente ante un ambiente tan convulso. En variadas ocasiones, el reportero habló de su función social que era "darle el micrófono" a las personas; esto dista de la concepción que muchos periodistas tienen del oficio como "darle voz" a la gente. Condés Jaramillo no buscaba darles voz, sino potenciar la que ya tienen. Constantemente hacía la petición a la población de enviar denuncias ciudadanas, le pedía no resignarse a las campañas políticas vacías de contenido y, sobre todo, la exhortaba a involucrarse de alguna manera en los temas públicos, como les fuera posible. Su invitación a tomar el micrófono de su medio para exigir cambios era incansable.

También pienso en el periodista como en la punta de un iceberg: esa parte visible de un problema mucho más grande que no podemos percibir a simple vista. Condés Jaramillo fue silenciado de manera visible porque tenía un carácter público y fue silenciado de forma violenta y letal. Pero el hecho de que él haya sido silenciado con la muerte, no quiere decir que el resto de la población local no haya sido silenciada también. Su silencio colectivo simplemente es más difícil de observar.

De lo poco que pudimos hablar con la gente del pueblo, y casi todo bajo condición de anonimato, aprendimos que Condés Jaramillo fue una persona conocida y querida por cuidadores de espacios públicos, empleados de base del gobierno, recolectores de basura, dueños de negocios locales. Supimos que la gente lo apreciaba y estaban agradecidos con él por levantar la voz sobre una diversidad de problemas que aquejaba a todos.

También pudimos entender lo difícil que es hablar abiertamente en un lugar donde la presencia del crimen organizado tiene un carácter omnipresente. A pesar de que no hay ninguna teoría, pública al menos, que relacione a grupos de la delincuencia con el homicidio del periodista, el miedo que infunden sí está siempre presente. Era imposible hablar en una plaza pública o un restaurante con gente de Tejupilco por un temor constante de los propios pobladores a que la gente parada junto a nosotras o sentada en la mesa de al lado fueran miembros del cártel. Los "narcos" estaban en todos lados, pero nadie podía identificar quiénes eran.

Esta aparente omnipresencia del crimen tiene implicaciones importantes en el clima social. Por un lado, puede inhibir el trabajo periodístico, como sucedió en nuestro caso al empezar a desconfiar de nuestros interlocutores. Por otro lado, beneficia el silenciamiento del pueblo y complica la organización de la gente para exigir el cumplimiento de sus derechos. Finalmente, esta presencia nebulosa que todo penetra y empaña beneficia la impunidad porque el crimen organizado está tan metido en todo el gobierno y la sociedad, dicho de otro modo, hay colaboradores de los grupos delincuenciales en todos lados, protegiendo sus intereses, que no tienen que ver con la procuración de justicia, al menos no la institucional.

De la misma manera, la gente tenía pleno conocimiento del acuerdo que existía entre el Ayuntamiento y el cártel. De lo que nos dieron a entender, no era un trato nuevo ni fraguado personalmente por Domínguez Vargas, sino un acuerdo heredado de alcalde en alcalde y casi tan institucionalizado como el cabildo. Este trato incluía un pago de impuestos de parte de la presidencia municipal al grupo de delincuencia organizada, mismo que salía del sueldo de los empleados del Ayuntamiento.

Así como esto era bien sabido, también se hablaba sobre el control monopólico que tiene el crimen organizado en el comercio local. En Tejupilco no se podía, al menos en esas fechas, vender pollo sin aprobación del cártel y solamente al precio que indicaban ellos.[90] Lo mismo pasaba con otros productos de alimentación, como el huevo, y también con otro tipo de mercancías, como el material de construcción, en particular el cemento.

Dos años después de ir a Tejupilco, a través de los documentos de la Secretaría de la Defensa Nacional filtrados en los llamados Guacamaya Leaks, parte de esta información pudo ser corroborada. Se supo, a través de documentos del ejército, que al menos tres alcaldes de la zona de tierra caliente se reunían de manera periódica con los líderes del crimen organizado en la región. Según una investigación periodística, los documentos daban cuenta de llamadas telefónicas interceptadas el 24 de enero de 2019, donde se hablaba de una reunión entre presidentes municipales del Estado de México y líderes de organizaciones criminales, donde el cartel buscaba comprar camiones repartidores de basura. Esos mismos documentos detallaban que uno de los capos regionales tenía un interés particular "por el manejo de recursos públicos de ambos municipios por el financiamiento que recibe para la operación de sus células delictivas" y que el grupo delictivo estaba involucrado en obras públicas municipales.

Es posible que Condés Jaramillo estuviera "pisando callos" a más de una persona con poder. Quizá, al denunciar las fallas de la administración de Domínguez Vargas, también entorpecía las actividades del crimen organizado. Pensemos en sus reportajes sobre las obras inconclusas, la falta de cemento para terminar la construcción en las escuelas, el reportaje del bache. Lo cierto es que el trabajo del periodista resultaba incómodo y, argumento, no sólo por informar sobre los eventos del pueblo, a los que la población presumiblemente tenía acceso previo, sino por incentivar la participación e invitar a la organización social para protestar y exigir cambios.[91] [92] [93]

Las diferencias entre el poder que ejerce un gobierno y el que ejerce el crimen son evidentes, pero si el gobierno y el crimen colaboran, esta sociedad tiene consecuencias importantes. Por un lado, el gobierno tiene una especie de *outsourcing* de la violencia para resolverle temas extralegales, que le generan una deuda con sus socios criminales. Pero, sobre todo, el efecto de control e intimidación a la población es total: no se sabe, con certeza, si exigirle cuentas al gobierno puede enojar a un grupo o a otro, pero permea la idea de que cualquiera de los dos puede usar la violencia para callarte.

El Observatorio del Sur hacía encuestas. Las anunciaba con el título TIEMPO DE OPINAR. A principios de agosto de 2019, por ejemplo, lanzó una encuesta para que la gente opinara sobre las malas condiciones de un puente que esperaba arreglos desde su construcción. "¿Por qué crees que ha pasado tanto tiempo así sin que ninguna administración halla hecho algo? (sic)"[94], señalaba la publicación. Uno de los participantes preguntó si las encuestas tenían alguna función, a lo que El Observatorio respondió: "Claro, en primera incentivar la participación social e involucrarla en temas de interés general."[95]

En Tejupilco existe una amenaza latente por alzar la voz. Es una especie de niebla: constante, pero difícil de señalar. No me queda claro, si el día que llegamos, el cronista estaba intentando amenazarnos o protegernos. Quizá ambas. Creo que no quería que preguntáramos sobre el periodista asesinado, pero no sé si lo hacía porque sabía que, al menear el avispero, podían enterarse otras personas a las que incluso él temía. Tal vez no había nadie más y él era quien quería controlarnos y mantener oculta la verdad. Era difícil entender si él y su yerno colaboraban de manera cínica con el grupo delictivo o si, por el contrario, ellos accedían a administrar ciertos temas públicos, pero en realidad eran controlados, como empleados o como títeres, por el grupo de La Familia Michoacana. Lo cierto es que fue difícil discernir si esas atenciones del cronista eran cortesía o amenaza. Cuando ya me había ido de Tejupilco, recibí otra llamada suya. [96]

Cronista: Nada más llamaba para ver cómo les había ido.

Alejandra: Muy bien. Muchas gracias.

Cronista: Dije voy a llamarles para ver si tuvieron detalles. Para acá está un poco delicada la situación, no las hayan detenido por ahí, las hayan molestado por eso ahora sí que estaba al pendiente para cualquier cosa, pero que bueno que tuviera un feliz regreso.

Alejandra: Muchas gracias, así es, se lo agradezco. La verdad que estuvo muy tranquilo todo.

Cronista: Muy bien, que bueno pues era para saludarla y sobre todo verificar que hayan regresado con bien para allá, porque ya ve que para acá las cosas están raras y dije no vayan hacer algún detalle, pero qué bueno y pues estamos a la orden.

Alejandra: Sí, la verdad es que eso de que están medio raras las cosas fue un poco difícil, como percibirlo o hablarlo ahí, como que la gente no nos lo menciona mucho, pero por suerte todo bien.

Cronista: Me comentaban que andaban en el centro entrevistando y dije no vaya, la gente, no las vaya a desconocer o les vaya a poner el dedo de que andaban preguntando algunas situaciones por ahí…

A la fecha, dos años después del viaje, me sigo preguntando si el cronista tenía buenas o malas intenciones. No deja de perseguirme la sensación que se siente al navegar un ambiente inmerso en la sospecha constante y, creo, es importante para entender lo que sucedió con Condés Jaramillo. La misma desconfianza que experimentamos con el cronista sobre, ¿nos estaba previniendo, nos estaba amenazando?, pudo quizá, experimentarla la población. Y eso no sólo pasaba con el cronista, pasa entre pobladores todos los días. Ese ambiente de sospecha mutua también daña la participación comunitaria. Si uno no puede confiar en las demás personas de su entorno, se rompen lazos comunitarios y eso inhibe que se formen grupos significativos para, juntos, exigir la rendición de cuentas. Pienso que Condés Jaramillo funcionaba como una especie de pegamento o sello de garantía. Al poner la cara y verbalizar el hastío con los problemas que todos vivían y conocían, inspiraba confianza. Por medio del ejemplo y de la invitación a otros a participar, permitía fortalecer esos lazos. Y su muerte, claro, los rompió de nuevo, esto era, probablemente, el propósito al asesinarlo.

Nevith Condés Jaramillo:

- ☑ Periodista ciudadano/a o reportero/a local.
- ☑ Respetado/a por su comunidad.
- ☑ Con la capacidad de promover la participación social.
- ☑ Tomó postura frente a un hecho.
- ☑ Cuestionó al poder (político o criminal) y su narrativa.
- ☑ El poder estaba atravesando un periodo de inestabilidad.

Camino a Tejupilco de Hidalgo, en Tierra Caliente mexiquense.
Foto de septiembre de 2020.

Entrada a Tejupilco de Hidalgo, cabecera municipal. Foto de septiembre de 2020.

Memoria fotográfica de los alcaldes de Tejupilco de Hidalgo en el Ayuntamiento. Foto de septiembre de 2020.

Panteón municipal de Tejupilco de Hidalgo. Foto de septiembre de 2020.

Tumba de Nevith Condés Jaramillo. Foto de septiembre de 2020.

Notas

[25] El Observatorio de Sur. s. f. «Vecinos de Rincón de López 3a sección molestos porque autoridades no han arreglado problema del drenaje, ahora ya hay una zanja y un gran agujero que pone en peligro a todos.» Facebook. Accedido 28 de febrero de 2023. https://www.facebook.com/watch/live/?ref=watch_permalink&v=422443101951161.

[26] Ibidem.

[27] Según testimonios de personas que pidieron anonimato por seguridad.

[28] Fiscalía Edoméx [@FiscaliaEdomex]. 2019. «Respecto a los lamentables hechos en los que perdiera la vida el comunicador Nevith Condés Jaramillo, el fin de semana pasado en el municipio de #Tejupilco, la #FiscalíaEdoméx informa lo siguiente 📌 https://t.co/8LoVwySwpV». Tweet. Twitter. https://twitter.com/FiscaliaEdomex/status/1166423506185330695

[29] ACERVO MEXIQUENSE. 2019. FGJEM CREARÁ UNIDAD ESPECIALIZADA PARA INVESTIGACIÓN DE LOS DELITOS CONTRA LA LIBERTAD DE EXPRE. Youtube https://www.youtube.com/watch?v=jrsGOvm9jZw

[30] «Periodistas asesinadas/os en México». s. f. Article 19. https://articulo19.org/periodistasasesinados/.

[31] «En México, 30 personas periodistas permanecen desaparecidas - Article 19». 2018. 8 de abril de 2018. https://articulo19.org/periodistasdesaparecidos/.

[32] CMDPDH [@CMDPDH]. 2023. «📌¡No lo olvides! Hoy por la tarde tenemos un #TwitterSpace para discutir si es correcto describir como "guerra" lo que vivimos en México, y cuáles serían sus implicaciones. ¿Tú qué opinión tienes al respecto? Nos escuchamos a las 7m por aquí. ¡Te esperamos! https://t.co/NqUjVxvsju». Tweet. Twitter. https://twitter.com/CMDPDH/status/1615829014953828362.

[33] Forbes Staff. 2022. «México reconoce impunidad en 90% de agresiones contra periodistas y defensores». *Forbes*. 18 de enero de 2022. https://www.forbes.com.mx/noticias-mexico-reconoce-impunidad-en-90-de-agresiones-contra-periodistas-y-defensores/.

[34] Vázquez, Juan. 2019. «Asesinato de Nevith Condés eleva urgencia de atender la creciente violencia contra la prensa». Article 19. 26 de agosto de 2019. https://

articulo19.org/asesinato-de-nevith-condes-eleva-urgencia-de-atender-la-creciente-violencia-contra-la-prensa/.

[35] Cruz Jiménez, Francisco. 2016. «La Familia Michoacana contra los Zetas». Nuestro tiempo: Investigación y análisis (blog). 6 de enero de 2016. https://nuestrotiempotoluca2.wordpress.com/2016/01/06/la-familia-michoacana-contra-los-zetas/.

[36] Rojas Alba, Mario. 1995. *Las manos sucias: Los Derechos Humanos en México en el alba del Tratado de Libre Comercio de América del Norte 1988-1993*. Grijalbo.

[37] Ibidem.

[38] Instituto Electoral Federal. 1990. «FRAUDE ELECTORAL DE 11 DE NOVIEMBRE EN TEJUPILCO, ESTADO DE MÉXICO». Diciembre. http://repositoriodocumental.ine.mx:80/xmlui/handle/123456789/111678.

[39] Carpizo, Jorge. 1991. «El Informe de Tejupilco». *Nexos*. 1 de abril de 1991. https://www.nexos.com.mx/?p=6149.

[41] Mandujano Serrano, Raúl. 2022. «Muy caliente el sur mexiquense». DigitalMex. 12 de octubre de 2022. https://www.digitalmex.mx/opinion/story/37988/muy-caliente-el-sur-mexiquense.

[42] Ibidem.

[43] Trejo Delarbre, Raúl. 1991. «Lectura de Tejupilco». *Nexos*. 21 de febrero de 1991. https://www.nexos.com.mx/?p=6082.

[44] Entrevista telefónica con Guillermo González Hernández el 1 de septiembre de 2020.

[45] Periódico *El Nativo*. 2015. «Políticos Trabajando». Facebook. 23 de marzo de 2015. https://www.facebook.com/536953676362848/photos/a.578626568862225/871807439544135/.

[46] El Observatorio del Sur. 2016. «PARQUES Y JARDINES DE TEJUPILCO EN MAL ESTADO...». Video. Facebook. 18 de abril de 2016. https://www.facebook.com/watch/?v=248179242200946.

[47] El Observatorio del Sur. 2016. «CONSTANTE FALTA DE AGUA EN EL MERCADO». Video. Facebook. 26 de mayo de 2016. https://www.facebook.com/watch/?v=268071310211739

[48] El Observatorio del Sur. 2016. «DENUNCIA». Video. Facebook. 10 de junio de 2016. https://www.facebook.com/watch/?v=275398062812397

[49] El Observatorio del Sur. 2016. «LAS OBRAS Y TIRADEROS IRRESPONSABLES E ILÍCITOS EN TEJUPILCO». Facebook. 11 de abril de 2016. https://www.facebook.com/watch/?v=244610645891139

[50] El Observatorio del Sur. 2016. «El Problemático Estacionamiento de La Presidencia de Tejupilco». Video. Facebook. 20 de octubre de 2016. https://www.facebook.com/watch/?v=337488336603369

[51] El Observatorio del Sur. 2017. «LA PROTESTA DE LOS TRABAJADORES DEL HOSPITAL GENERAL DE TEJUPILCO». Video. Facebook. 27 de marzo de 2017. https://www.facebook.com/watch/?v=415714168780785.

[52] El Observatorio del Sur. 2017. «El Observatorio Del Sur». Video. Facebook. 19 de abril de 2017. https://www.facebook.com/watch/?v=427686004250268

[53] El Observatorio del Sur. 2017. «QUEREMOS PROPUESTAS PARA EL SUR». Video. Facebook. 16 de mayo de 2017. https://www.facebook.com/watch/?v=439937886358413.

[54] Santiago, Juan Lázaro. 2014. «OPINIÓN: ROMPER EL SILENCIO, A UN AÑO DE LA DESAPARICIÓN DE LUIS ENRIQUE GRANILLO». Reporteros en Movimiento. 13 de febrero de 2014. https://reporterosenmovimiento.com/2014/02/13/opinion-romper-el-silencio-a-un-ano-de-la-desaparicion-de-luis-enrique-granillo/.

[55] El Observatorio del Sur. 2017. «REPORTE DE ACCIONES DE RESPUESTA DE LA PRESIDENCIA MUNICIPAL DE TEJUPILCO». Video. Facebook. 14 de septiembre de 2017. https://www.facebook.com/watch/?v=497847547234113

[56] El Observatorio del Sur. 2017. «HOSPITAL GENERAL DE TEJUPILCO». Video. Facebook. 3 de octubre de 2017. https://www.facebook.com/watch/live/?ref=watch_permalink&v=506905009661700.

[57] Ibidem.

[58] El Observatorio del Sur. 2017. «COMPARTE PARA QUE NO NOS OLVIDEN Y AL MENOS DEN LA CARA». Video. Facebook. 11 de octubre de 2017. https://www.facebook.com/elobservatoriodelsur/videos/510359605982907/.

[59] El Observatorio del Sur. 2018. «Aquí estamos y explicamos brevemente el objetivo de El Observatorio Político y explicamos los motivos…». Video. Facebook. 24 de mayo de 2018. https://www.facebook.com/198000024268324/videos/241648449903481/.

[60] Vázquez, Juan. 2019. «Asesinato de Nevith Condés eleva urgencia de atender la creciente violencia contra la prensa». Article 19. 26 de agosto de 2019. *https://articulo19.org/asesinato-de-nevith-condes-eleva-urgencia-de-atender-la-creciente-violencia-contra-la-prensa/.*

[61] El Observatorio del Sur. 2018. «El observatorio del Sur opinando... Ya viene la grilla». Video. Facebook. 8 de enero de 2018. https://www.facebook.com/elobservatoriodelsur/videos/553698968315637/.

[62] El Observatorio Político. 2018. «Estamos en las Instalaciones del INE donde se acaba de registrar Yola Flores la candidata ciudadana …». Video. Facebook. 29 de marzo de 2018. https://www.facebook.com/198000024268324/videos/219430078791985/.

[63] Gobierno del Estado de México. 2018. «Periódico Oficial». Gaceta del Gobierno, n.º 0011021 (abril). https://legislacion.edomex.gob.mx/sites/legislacion.edomex.gob.mx/files/files/pdf/gct/2018/abr054.pdf

[64] Mendoza, Veneranda. 2018. «Priistas en Edomex protestan contra precandidaturas en siete municipios». *Proceso*. 2 de febrero de 2018. https://www.proceso.com.mx/nacional/estados/2018/2/2/priistas-en-edomex-protestan-contra-precandidaturas-en-siete-municipios-199364.html.

[65 y 66] El Observatorio Político. 2018. «Estamos con Yola Flores la Candidata a Diputada Federal por MORENA al Dto. XXXVI Escúchala y conócela...». Video. Facebook. 6 de abril de 2018. https://www.facebook.com/198000024268324/videos/222720985129561/.

[67] El Observatorio Político. 2018. «Bot y Troll ¿Qué Son?». Video. Facebook. 30 de abril de 2018. https://www.facebook.com/watch/?v=232213060847020.

[68] El Observatorio Político. 2018. «Decepcionante arranque de Anthony con MORENA TEJUPILCO». Video. Facebook. 24 de mayo de 2018. https://www.facebook.com/198000024268324/videos/241450299923296.

[69] Ibidem.

[70] El Observatorio Político. 2018. «Estamos en el ARRANQUE DE CAMPAÑA DEL ING. LINO GARCÍA GAMA EN EL PRI TEJUPILCO». Video. Facebook. 24 de mayo de 2018. https://www.facebook.com/198000024268324/videos/241270746607918/.

[71] «ONLINE HARASSMENT OF JOURNALISTS». 2018. Reporters Without Borders. https://rsf.org/sites/default/files/rsf_report_on_online_harassment.pdf.

[72] Ebner, Julia. 2020. Going Dark The Secret Social Lives of Extremists. Bloomsbury Publishing.

[73] El Observatorio del Sur. 2018. «Aquí estamos y explicamos brevemente el objetivo de El Observatorio Político y explicamos los motivo…». Video. Facebook. 24 de mayo de 2018. https://www.facebook.com/198000024268324/videos/241648449903481/.

[74] Instituto Electoral del Estado de Méxiico. 2018. «MEMORIA DE JUNTA Y CONSEJO MUNICIPAL ELECTORAL DE TEJUPILCO.» https://www.ieem.org.mx/memoelec/2018/M/083_Tejupilco.pdf.

[75] El Observatorio Político. 2018. «Todo el Sur viene a ver a Andrés Manuel López Obrador a Tejupilco». Video. Facebook. 2 de junio de 2018. https://www.facebook.com/198000024268324/videos/245311016203891/.

[76] «PREP Estado de México | 2018». 2018. Video. IEEM. 2 de julio de 2018. https://www.ieem.org.mx/maxima_publicidad/maxima17_18/prep2018/ayuntamientos/Entidad/03_detalleAyuntamientoCandidato/index.html#!/15/83.

[77] El Observatorio Político. 2019. «💢HE AQUI QUE DICEN LOS PAPÁS MAESTROS DE LA PRIMARIA CRISTÓBAL HIDALGO CON RESPUESTA AL VIDEO POLÉMICO DEL PRESIDENTE DE TEJUPILCO ANTHONY Y SU RESPUESTA A LA PETICIÓN DEL DIRECTOR💢». Video. Facebook. 31 de mayo de 2019. https://www.facebook.com/198000024268324/videos/876179062747524/.

[78] El Observatorio del Sur. 2019. «💩ESCUELAS JODIDAS DEL SUR💩». Video. Facebook. 11 de junio de 2019. https://www.facebook.com/watch/?v=442836036512168.

[79] Ibidem.

[80] Vázquez, Juan. 2019. «Asesinato de Nevith Condés eleva urgencia de atender la creciente violencia contra la prensa». Article 19. 26 de agosto de 2019. https://articulo19.org/asesinato-de-nevith-condes-eleva-urgencia-de-atender-la-creciente-violencia-contra-la-prensa/.

[81] El Observatorio del Sur. 2019. «SE LE PIDE RESPETUOSAMENTE AL AYUNTAMIENTO DE TEJUPILCO QUE EQUIPE A LOS TRABAJADORES DE LIMPIA PARA PODER HACER SU LABOR YA QUE ES LA 2A VEZ QUE SE DENUNCIA PÚBLICAMENTE ESTA SITUACIÓN». Video. Facebook. 24 de junio de 2019. https://www.facebook.com/elobservatoriodelsur/videos/503134356893895/.

[82] El Observatorio del Sur. 2019. «💢ESCUELAS JODIDAS DEL SUR💢». Facebook. 1 de agosto de 2019. https://www.facebook.com/watch/?v=506450386828503.

[83] El Observatorio del Sur. 2019. «LOS COMUNEROS NOS PIDEN EL ESPACIO PARA EXPRESAR SUS INCONFORMIDADES. ESTO ES LO QUE ELLOS DICEN.» Video. Facebook. 9 de agosto de 2019. https://www.facebook.com/elobservatoriodelsur/videos/492878294795671/.

[84] El Observatorio del Sur. 2019. «ESTAMOS EN EL AUDITORIO». Video. Facebook. 12 de agosto de 2019. https://www.facebook.com/elobservatoriodelsur/videos/530668857740445/.

[85] El Observatorio del Sur. 2019. «DEBIDO A LAS ACUSACIONES QUE HACE LA PRESIDENCIA DE TEJUPILCO A LOS COMUNEROS DE RINCÓN DE AGUIRRE ELLOS LE RESPONDEN A TRAVÉS DE SUS REPRESENTANTES JURÍDICOS». Video. Facebook. 16 de agosto de 2019. https://www.facebook.com/elobservatoriodelsur/videos/621763008347052.

[86] El Observatorio del Sur. 2019. «📺ESTAMOS CON LOS FAMILIARES DE ELFEGA, NATIVIDAD Y JUANITA SÁNCHEZ HERNÁNDEZ DERRIBADOS POR LA POLICIA ESTATAL DE UN HELICÓPTERO SIN MOTIVO ALGUNO 📺». Video. Facebook. 17 de junio de 2019. https://www.facebook.com/elobservatoriodelsur/videos/486128738790875.

[87] El Observatorio del Sur. 2019. «DERRUMBE DEL HELICÓPTERO EN RINCÓN DEL CRISTO». Video. Facebook. 18 de junio de 2019. https://www.facebook.com/watch/?v=2256330571109692.

[88] El Observatorio del Sur - Social. 2019. «QUE MAL LOS DEL CERTAMEN SEÑORITA TEJUPILCO». Facebook. 15 de agosto de 2019. https://www.facebook.com/100077991456075/videos/376363343261239/.

[89] Ibidem.

[90] «Guardia Nacional complaciente en Edomex economía en manos del narco». 2022. Boletín. 30 de octubre de 2022. http://boletin.org.mx/Noticia/guardia-nacional-complaciente-en-edomex-economia-en-manos-del-narco.

[91] Mcci. 2022. «#SedenaLeaks revela corrupción militar: venden armas del Ejército a criminales - MCCI». Mexicanos contra la corrupción y la impunidad. 8 de octubre de 2022. https://contralacorrupcion.mx/sedenaleaks-revela-corrupcion-militar-venden-armas-del-ejercito-a-criminales/.

[92] Nogueda, Oscar, y León Ramírez. 2022. «#SedenaLeaks: en Tierra Caliente, el narco negocia y convive». Animal Político, 8 de octubre de 2022. https://www.animalpolitico.com/2022/10/sedenaleaks-tierra-caliente-narco-militares-fiestas/.

[93] Driving MSSQL. 2022. «Leaked Documents Show Members of Mexico's Military Sold Weapons + Information To Cartels». Borderland Beat (blog). 9 de octubre de 2022. http://www.borderlandbeat.com/2022/10/leaked-documents-show-members-of.html.

[94] El Observatorio del Sur - Social. 2019. «♨TIEMPO DE OPINAR♨». Encuesta. Facebook. https://www.facebook.com/permalink.php?story_fbid=pfbid02brS97f6MYb3C3o9ANYBXCiqGRsT6UmKmsLos6Ht9a1wC9XPK3fucPLugyvvenWtpl&id=332451610606778.

[95] Ibidem.

[96] Llamada telefónica con Gregorio López Machuca. 13 de septiembre de 2020.

TOMAR POSTURA

One had better die fighting against injustice than die like a dog or a rat in a trap.

Ida B. Wells

Although [citizen journalists] perform an important role of informing and educating the public about the crisis, they, however, do not perceive themselves as objective and disinterested mediators because they tell stories about everyday life of which they are part. [...] just like ordinary people they queue in banks, they are affected by food shortages, [...] they mediate the crisis in which they are also active agents who fight against the violation of citizen rights.

Last Moyo

Para el periodismo tradicional siempre ha resultado incómodo que, quienes cubren un evento o noticia, tomen postura. Pero el periodismo puede tener varias funciones: la de informar, la de investigar y la de denunciar; los reportajes que me importan son aquellos que produjeron periodistas que murieron asesinados. Se trata del periodismo que denuncia, exhibe, expone, y que, al hacerlo, toma postura. Este periodismo no solamente presenta los hechos, sino que los califica. El periodista en cuestión expone una serie de hechos y cataloga moralmente a la persona responsable de dichos sucesos. A veces, el o la periodista no presenta hechos previamente desconocidos, pero siempre toma postura.

Viví en Nueva York, Estados Unidos, cuando Donald J. Trump ganó las elecciones presidenciales en 2016 y durante la mayor parte de su presidencia. En la campaña se hicieron públicas muchas historias que evidenciaban la misoginia del candidato republicano. Entre ellas, están las famosas grabaciones filtradas que capturaron a

Trump hablando en el *set* del programa televisivo *Days of Our Lives* en 2005 sobre su atracción a "mujeres hermosas" y su descripción de cómo empezaba a besarlas cuando le apetecía. "Te dejan hacerlo. Puedes hacer cualquier cosa. Agarrarlas del coño"[97], dijo esa tarde en una conversación casual detrás de cámaras. El periódico estadounidense *The Washington Post* lograría acceder a esa filmación durante la campaña, haciéndola pública en 2016. Para la sorpresa de muchas personas, la filtración de la conversación grabada no afectó su popularidad y Trump ganó las elecciones, como sabemos. Una de las comunidades más articuladas en respuesta a la evidente misoginia de Trump fue la de las mujeres. Desde el primer año de su administración, se organizó la célebre Women's March en ciudades como Washington D.C. y Nueva York, donde miles de mujeres salieron a protestar, ocupando las calles.

Durante esa temporada, recuerdo que había un fuerte debate en las redacciones del país, después de que varios editores les prohibieron a sus reporteras asistir a la Women's March. Desde los editores del *Miami Herald*, quienes enviaron una carta a la redacción, enviándole a sus empeladas un mensaje que decía: "somos periodistas, no activistas, y no podemos presentarnos como recolectores neutrales de noticias cuando nuestras actividades reflejan un punto de vista político",[98] pasando por el *New York Times* y hasta la otra costa del país, con la editora del *San Francisco Chronicle*, quien le escribió a sus reporteros diciendo que "ningún empleado de la redacción, independientemente de la descripción de trabajo o título, puede participar en demostraciones políticas de ningún tipo",[99] refiriéndose a la Women's March.

Bajo esta perspectiva, se planteaba que al asistir a una marcha para denunciar la misoginia del presidente las mujeres estaban expresando una postura política y, por lo tanto, ponía en entredicho la objetividad de las redacciones. Lo que se confundió una y otra vez en ese debate fue que no marchar también era tomar una postura política: la que normalliza la misoginia o la condona.

Las máximas periodísticas argumentan que la objetividad debe primar en todo reportaje y en la labor del periodista. Acudir a la Women's March, en ese sentido, se concebía como tener un sesgo y perder la objetividad por reclamar y exigir equidad en el trato como ciudadanas e iguales y no como objetos sexuales, a causa del género. La objetividad puede ser mal entendida, como en este caso. No tendría por qué ser un sesgo exigir un trato digno. Como escribió la periodista iraní-americana Shaya Tayefe Mohajer, al respecto, "nuestras identidades no son un sesgo. Las mujeres que quieren equidad no son un sesgo"[100]. Exigir justicia no tendría por qué ser una falta de objetividad periodística.

Y es que esta máxima del periodismo objetivo muchas veces ignora que falta diversidad de perspectivas en las miradas y voces que cuentan las historias que publican los medios. Me hace pensar en mi clase de política contemporánea en la licenciatura, donde discutimos las plataformas de las campañas políticas de candidatos durante las elecciones de 2012. Algunas mujeres mencionamos que nos parecía importante apoyar la campaña que prometía accesibilidad sin restricciones a pastillas anticonceptivas, avanzar el debate de la legalización del aborto también nos parecía crucial, otro tema que nos interesaba era el matrimonio con parejas del mismo sexo. A lo que un compañero de clase media alta, hombre y heterosexual, respondió que él no veía valor en esas propuestas porque, de cualquier manera, esos temas no le afectaban en nada. Lo mismo pasa en el periodismo. La visión con "sesgo" comúnmente se asocia a aquella que tiene una postura en un tema que le afecta directamente, mientras que la "objetividad" suele ser profesada por aquellos que, de cualquier manera, no se verán impactados por el mismo tema. "Es muy probable que a mi mentor le enseñara la regla [de la objetividad] otro hombre blanco", escribe Tayefe Mohajer.[101]

Imposible, al hablar de objetividad y periodismo, no recordar a mujeres como Ida B. Wells, la periodista negra quien, en 1884, a los 21 años, se rehusó a cambiar de asiento a bordo de un tren cuando un grupo de hombres la quitó de su lugar a la fuerza, diciendo que era un espacio exclusivo para blancos. Rehusándose a cambiar de lugar, Wells prefirió bajarse del tren. Escribió al respecto en el periódico de su iglesia y demandó por vía legal a la compañía de tren por violar los estatutos de acomodación equitativa vigentes en la época. Ganó. Después sería reconocida por documentar, con técnicas estadísticas, entrevistas y fotografías, los linchamientos de hombres negros en el sur de Estados Unidos, lo que la convertiría en una pionera del periodismo de investigación.[103] Pero también es recordada por tomar postura ante una situación tan profundamente desigual e injusta, como lo era (y sigue siendo) el racismo institucionalizado, y por no quedarse callada. Además de documentar estos eventos, siempre dijo de manera clara y explícita que eran crímenes y que eran injustos, a pesar de que el statu quo y la ley protegían estos actos atroces. Bajo los estándares de hoy, en su época, Wells hubiera sido considerada poco objetiva. De manera similar, años después, entre 1950 y 1980, la periodista Ethel Loise Payne, nieta de personas esclavizadas, "retó agresivamente el sistema estatal de segregación y usó su reporteo para ejercer presión para promover legislación a favor de los derechos civiles".[104]

A partir del movimiento Black Lives Matter y de la ola feminista que dio pie al movimiento Me Too, inició una fuerte discusión sobre la objetividad periodística en Estados Unidos y alrededor del mundo. Muchos reporteros y reporteras han dicho que la objetividad es sólo una manera de conservar el statu quo. "Me quedó claro que el principio de objetividad sólo funcionaba en un clima político donde no hay mayor agitación y no hay una necesidad real de cuestionar los meros fundamentos del sistema político", escribió la columnista y autora Nesrine Malik.[105] De manera similar, la escritora Pacinthe Mattar reflexionó sobre la promesa de redacciones incluyentes en su texto *La objetividad es un privilegio del que gozan los periodistas blancos,* donde escribió: "Nuestro profesionalismo se cuestiona cuando cubrimos las comunidades de donde somos y la categoría de activistas nos sigue de una manera que no sigue a muchos de nuestros colegas blancos".[106]

Cuando todos los grupos de una sociedad están conformes con el sistema político que los rige y las instituciones encargadas de mantener ese sistema, el periodismo objetivo, ese que presenta hechos corroborados y precisos, puede ser suficiente. Pero cuando se trata de sociedades donde sectores enteros cuestionan la validez de ese sistema político y donde las instituciones no pueden garantizar resultados esperados, el periodismo objetivo no funciona para empujar los cambios necesarios para demandar rendición de cuentas. Para que un periodismo objetivo tenga el resultado democrático esperado, de generar cambios y tener impacto, es necesario que existan instituciones funcionales que investiguen la corrupción cuando hay indicios suficientes y se castigue cuando se comprueba.

En México, decenas de periodistas saben, como lo sabe el resto de los habitantes de sus comunidades, el tipo de abusos de poder y violación a los derechos humanos que suceden todos los días en sus municipios. Se sabe que los alcaldes pagan una cuota al grupo del crimen organizado que opera en su región, se sabe que los amigos del presidente municipal reciben contratos millonarios del erario por obras públicas que nunca van a terminar, unos más presencian cómo desaparecen miembros de su comunidad sin que el gobierno haga nada, incluso hay los que tienen conocimiento de que las propias policías del municipio o el Estado violentan a activistas, estudiantes u opositores de sus gobiernos. No es un carácter desconocido lo que evita que exista justicia en estos lugares, sino instituciones incapaces de investigar, corregir y castigar a los culpables. Cuando esas fallas institucionales se conocen en la población, es menos atractivo realizar periodismo objetivo, a sabiendas de que probablemente no tenga un impacto, ni empuje procesos deseados de cambio social.

Lo que propone este libro es que a los periodistas en México los asesinan por su cobertura de temas locales, cotidianos, diarios, sin embargo, sostengo que no matan periodistas sólo por informar de estos hechos. Los matan cuando los reporteros toman postura sobre la información que publican, cuando pasan de enlistar los hechos a calificarlos, cuando dejan de lado la objetividad para alzar la voz ante lo injusto, como lo hicieron las mujeres reporteras que decidieron protestar en contra de un hombre que presume de tocar sexualmente a cualquier mujer sin su consentimiento, o como en su momento lo hicieron Wells y Payne por denunciar el racismo.

A los periodistas los matan por ejercer su libertad de expresión y participar activamente, mediante la expresión de una postura a favor o en contra de algo, en la lucha por la justicia social de las regiones que habitan, donde el poder se sigue ejerciendo de manera autocrática. Tal fue el caso de Nevith Condés Jaramillo y la postura que tomó ante la falta de medicinas en el Hospital General, ante las malas condiciones de las escuelas a medio construir, ante la ausencia de designación de candidatos y la imposición de funcionarios con favoritismo nepotista. Este reportero hizo clara su postura de rechazo a todas estas cuestiones y lo hizo desde una posición de liderazgo comunitario. La gente lo seguía, lo apreciaba, lo respetaba. Esta combinación de factores: su reputación, la actitud de cuestionamiento y la invitación a la participación para resistir a un alcalde intransigente fueron fuente de las amenazas que recibió entre 2017 y 2019.

He estudiado y documentando el trabajo de estos periodistas por años y siempre termino preguntándome lo mismo: al presenciar abusos de poder y saberse sujetos potenciales a ser tratados con la misma moneda, ¿cómo no tomar postura? Porque los periodistas que están en riesgo ya no son los corresponsales que llegan y se van, como aquellos británicos en Argentina en 1982. Los periodistas en riesgo son los que se quedan. Los que habitan los lugares que cubren. Los que son miembros de las comunidades que sufren las injusticias ocasionadas por el abuso de poder que ellos reportan.

Notas

[97] Nelson, Libby. 2016. «"Grab 'em by the pussy": how Trump talked about women in private is horrifying». Vox. 7 de octubre de 2016. https://www.vox.com/2016/10/7/13205842/trump-secret-recording-women.

[98] Iannelli, Jerry. 2017. «#WomensMarch: Miami Herald Sends Letter Scolding Reporters for Attending Women's March at Bayfront Park Amphitheatre». *Miami New Times*. 26 de enero de 2017. https://www.miaminewtimes.com/news/miami-herald-scolds-its-reporters-for-attending-the-womens-march-9091700.

[99] Gaura, Maria. 2017. «Non-Marching Orders: Newspaper Bars Employees from Women's March». Cal Alumni Association. 18 de enero de 2017. https://alumni.berkeley.edu/california-magazine/online/non-marching-orders-newspaper-bars-employees-womens-march/.

[100] Mohajer, Shaya Tayefe. 2017. «Why Journalists Should Be Able to Join the Women's March». *Columbia Journalism Review*. 20 de enero de 2017. https://www.cjr.org/first_person/womens_march_washington_dc.php.

[101] Ibidem.

[102] Myrick-Harris, Clarissa. 2002. «Against All Odds». *Smithsonian Magazine*. 30 de junio de 2002. https://www.smithsonianmag.com/arts-culture/against-all-odds-65322127/.

[103] Thompson-Bristol, Brie y Kathy Roberts Forde. 2022. «Journalism has long conflated objectivity with White perspectives». *The Washington Post*. 14 de julio de 2022. https://www.washingtonpost.com/made-by-history/2022/07/14/journalism-has-long-conflated-objectivity-with-white-perspectives/.

[104] Watson, Jamal E. 2012. «Ethel Payne: The First Lady of the Black Press: Black Journalism and Its Advocacy Role from 1954–1991». Doctoral, Ann Arbor: University of Massachusetts Amherst. https://www.proquest.com/docview/1240670684.

[105] Malik, Nesrine. 2019. «Objectivity Preserves the Status Quo. Better Journalism Means Better Politics». The Correspondent (blog). 17 de septiembre de 2019. https://medium.com/de-correspondent/nesrine-malik-objectivity-preserves-the-status-quo-better-journalism-means-better-politics-1df8949e1a2d.

[106] Mattar, Pacinthe. 2020. «Objectivity Is a Privilege Afforded to White Journalists». The Walrus (blog). 21 de agosto de 2020. https://thewalrus.ca/objectivity-is-a-privilege-afforded-to-white-journalists/.

EL CRONISTA

Tomar postura en tiempos de transición

Yo les digo siempre que todo está bien, que hay riesgos para todos, no sólo para mí, pero que tenemos derecho a una sociedad mejor, de leyes, de gobierno, sin impunes, de respeto entre las personas, y que por eso hay que luchar, y una forma de hacerlo es publicarlo, denunciar.[107]

Javier Valdez Cárdenas

Al buen periodismo le hace falta sociedad que lo acompañe.

Javier Valdez Cárdenas

Desde donde estés nos sigues convocando a oponer resistencia.[108]

Raúl Torres

El 5 de enero de 2023, Culiacán despertó con un estruendo de balazos. Desde antes de las 7:00 horas, un helicóptero artillado de las fuerzas armadas mexicanas empezó a disparar contra las casas en la sindicatura de Jesús María en la capital sinaloense.[109] En respuesta, grupos de hombres armados tomaron camiones de carga y autobuses de pasajeros a los que prendieron fuego, bloqueando las calles de la ciudad para impedir la circulación. El transporte público se suspendió hasta nuevo aviso. El gobernador pidió a la población que se resguardara y evitara salir de sus casas.[110] Los grupos armados entonces entraron al aeropuerto internacional de Culiacán para impedir que despegara cualquier vuelo.[111] Dispararon a un avión comercial, donde cundió el pánico entre los pasajeros, y a un avión militar. En las calles, pickups y camiones de redilas cargados de hombres armados con rifles cuernos de chivo, metralletas y granadas patrullaban las calles. "Estoy dentro de un hotel al norte de la ciudad de Culiacán. Hace unas tres horas me quitaron mi carro y me puse resguardar aquí. Los armados entraron al Hotel de nombre Two y están amenazando a clientes para que les den sus llaves de carros. Hay gritos y llantos (sic)",[112] tuiteó el reportero sinaloense Marcos Vizcarra a las 11:45 de la mañana.

Dos horas antes, a las 9:45, había despegado un avión del ejército mexicano rumbo a la Ciudad de México. A bordo iba Ovidio Guzmán López, conocido como "El Ratón", uno de los hijos del narcotraficante Joaquín Archivaldo "El Chapo" Guzmán Loera. Su captura era la razón del escandaloso operativo que ejecutaron las fuerzas de seguridad y la violenta reacción del crimen organizado para evitarla.

No era la primera vez que el Gobierno mexicano intentaba arrestar a Guzmán López, buscado por la justicia estadounidense desde 2017 por tráfico de drogas.[113] El primer intento, fallido, sucedió en 2019. Fue fallido a pesar de que las fuerzas de seguridad encontraron y detuvieron a Ovidio, pues el presidente Andrés Manuel López Obrador, en su momento, pidió expresamente que lo soltaran en vez de trasladarlo a la Ciudad de México. Grupos armados civiles habían paralizado la ciudad con las mismas tácticas de narco bloqueos, incendios y caos para intentar evitar que se lo llevaran. En 2019, la táctica criminal de intimidación había ganado.

A pesar de la espectacularidad de la violencia ejercida en Culiacán tanto en 2019 como en 2023 durante los operativos para capturar a Guzmán López, y la respuesta de los grupos delincuenciales, ningún reportero murió durante esos eventos. Los periodistas informaron valientemente: tomaron videos, fotos, audio de los sucesos. Cubrieron los despliegues de armas y fuerza. Mantuvieron a la población al tanto de lo que pasaba y entrevistaron a las autoridades para que dieran cuenta de la situación en la ciudad.

Al interior del hotel donde se resguardaba Vizcarra, un par de jóvenes de aproximadamente 20 años, armados y nerviosos, amenazaron al periodista. Se enteraron que mandó reportes diciendo que el hotel estaba sirviendo como refugio. "Ya sabemos que eres tú, que andas pasando el reporte", lo amenazaron, y le dijeron que el celular lo dejara "en modo avión o apágalo, porque si sabemos que eres tú, te chingamos".[114] Dijeron que tenían permiso para matarlo, a cambio, le quitaron el celular y su cámara, le tomaron una foto y lo dejaron ir bajo advertencia.

El miedo del evento se recrudecía por el recuerdo, todavía fresco, del homicidio de otro periodista. Ese asesinato había sido el más sonado, aunque no el último ni el más reciente, de un reportero sinaloense. Y aunque había sucedido varios años atrás, el 15 de mayo de 2017, a inicios de 2023 seguía latente el recuerdo, la injusticia y la importancia. Especialmente porque el contexto de su muerte había involucrado al mismo grupo delictivo que Ovidio Guzmán López dirigía con sus hermanos.

***

Javier Arturo Valdez Cárdenas fue una institución en el periodismo local. En el libro *Javier Valdez. El Bato, edición conmemorativa realizada en su memoria*, la periodista y directora del semanario Zeta, Adela Navarro Bello, escribe que Valdez Cárdenas "unió a la sociedad sinaloense y les dio voz. Unió a sus compañeros periodistas, y todos giramos a su alrededor".[115] En el mismo libro, la periodista Nidia Castro escribe que "con sus textos vomitaba la rabia, la conmiseración y la desolación a rajatabla, sin grandes aspavientos, sin anestesia".[116] Pero Valdez Cárdenas también era referente a nivel nacional, incluso internacional. En el mismo libro hay decenas de halagos y reconocimiento hacia el periodista, de la pluma de colegas reporteros estadounidenses, latinoamericanos y británicos, así como de activistas.

Valdez Cárdenas, sociólogo de formación, empezó a escribir en los años noventa para *Noroeste*, un periódico local sinaloense, también colaboró en la sección cultural del Canal 3, de Televisa, trabajo por el cual ganó el Premio Sinaloa de Periodismo. Para 1999, ya era corresponsal del periódico de distribución nacional *La Jornada*, cubriendo e informando sobre lo que pasaba en Sinaloa y sus alrededores. Después, en 2003, con dos amigos, fundó su propio medio de comunicación. Era un semanario dedicado a la cobertura de Sinaloa y especialmente aquella relacionada con narcotráfico, política, seguridad y violencia. Lo llamaron *Ríodoce* por los 12 ríos que atraviesan al estado. Ahí, Valdez Cárdenas publicaba su columna Malayerba, además de escribir noticias.

Describir a Valdez Cárdenas únicamente como periodista sería injusto. El oficio le quedaría corto. Sin duda era reportero, también escritor. Sus crónicas tienen un valor literario destacable. Como entrevistador, tenía una capacidad de escuchar y conectar con la gente, quienes confiaban en él para contarle sus historias, muchas de ellas trágicas, y como autor, tenía la habilidad de ilustrar escenarios inimaginables para muchos de sus lectores. De ahí que también tuviera una variedad de libros publicados, como: *Los morros del narco, Miss Narco, Levantones: historias reales de desaparecidos y víctimas del narco, Con una granada en la boca* y *Huérfanos del narco*, por mencionar algunos. El escritor Antonio Ramos incluso editó una selección de su obra, a la que tituló igual que sus columnas: *Malayerba*. Además del respeto que tenía de su comunidad en Sinaloa, Valdez Cárdenas era admirado en el medio literario y en el medio periodístico internacional. Siempre tuvo una pluma prolífica. Era capaz de transportar al lector a otros mundos, pero de manera más específica, al suyo, a ese Sinaloa donde el narcotráfico está tan enraizado que hay mausoleos para sicarios en vez de tumbas, capillas a personajes que, en vez de santos, son bandidos y una cultura de idolatría a los capos que ofrecen constantemente su estilo de vida como alternativa viable y atractiva a los jóvenes de la región.

En 2010, su libro *Miss Narco* fue finalista del premio Rodolfo Walsh en España. En 2011, recibió el Premio Internacional a la Libertad de Prensa del CPJ y también el reconocimiento Maria Moors Cabot de la Universidad de Columbia por una trayectoria destacada. Para 2012, el cronista fue nombrado como uno de los 50 personajes que mueven a México por la revista *Quién*. A principios de 2017, su libro *Levantones* se tradujo al inglés con el título *The Taken: True Stories of the Sinaloa Drug War*.

***

Esta tensión entre el Valdez Cárdenas escritor y el reportero está presente en sus textos a lo largo de toda su carrera. Al principio de su carrera, para *Noroeste,* cubría la fuente política, informando, sobre todo, el día a día a nivel municipal. En 1998 escribió sobre permisos y licencias: "Ayuntamiento de Culiacán ha entregado alrededor de 180 notificaciones a negocios que violan las disposiciones de los reglamentos de Construcción y Comercio en la vía pública, en materia de toldos y cortinas",[117] de la misma manera que cubrió temas de vialidad: "Durante el mes de agosto concluirá la primera etapa de los trabajos de remodelación de cruceros conflictivos en la ciudad",[118] y de recolección de basura: "Durante las jornadas de saneamiento que realizo el Ayuntamiento de Culiacan se hicieron un total de 265 viajes de camiones recolectores al relleno sanitario (sic)".[119] Su cobertura de la fuente era precisa, sobria, árida, y meramente informativa, como dictan los cánones del periodismo tradicional. Escribía las noticias con datos verificados y de manera neutral, sobre los sucesos cotidianos para una audiencia local.

Pero en *Noroeste* también tuvo la columna "Con olor a asfalto" donde retrataba la vida cotidiana culichi desde una perspectiva entrañable. Ahí dejó clara su vena creativa, literaria, incisiva e insatisfecha. El mismo año que publicaba sobre el comercio en vía pública y los recolectores de relleno sanitario, Valdez Cárdenas publicaba crónicas, por ejemplo: "Es viernes. Las luces de neón pintan los labios de la ciudad y los fanales que se mueven de un lado a otro, desde lejos, al otro extremo de la avenida Álvaro Obregón se alimentan las esperanzas de los que esperan el urbano [transporte público de la ciudad]".[120] O como esta historia sobre una persona en situación de calle: "El barbón de la Obregón mira y sonríe. Actúa como si estuviera en su casa, como si conociera cada uno de los rincones de la banqueta, de la calle y las esquinas. Recientemente le ha dado por corretear camionetas, de esas tipo Bronco, entre semáforo y semáforo, como si corriera tras su esperanza (sic)".[121] O esta narración de las empleadas del gobierno encargadas de cuidar los jardines públicos: "Se les puede ver en cuclillas, arrastrando sus rodillas sobre la tierra húmeda: pero con sus extremidades superiores convierten páramos y maleza en flores, zacate y árboles que rápidamente hacen de esta ciudad un sitio atractivo, habitable."[122]

"Como un espectador consciente, Valdez hizo de su columna un recuento de esta ciudad y de sus habitantes, testimonios silenciosos de todo lo que acontecía",[123] escribió la historiadora Monserrat Narváez sobre esa columna que Valdez Cárdenas publicaba hace 30 años, "en este encuentro con lo cotidiano, el columnista recupera una suerte de *Historia desde abajo,* relatos y vidas de aquellos que usualmente son ignorados por las grandes historias de la Historia y que son subestimados, algo que seguiría haciendo el resto de su carrera como cronista hasta su muerte".

Esa misma dualidad, la del periodista que informa y el cronista que relata y retrata, se mantuvo presente en toda su carrera. Analizando sus textos en *La Jornada* y contrastándolos con los que publicaba en *Ríodoce*, se puede observar que el tipo de notas y su redacción variaba mucho entre ambos medios. En *La Jornada*, Valdez Cárdenas publicaba las notas informativas, concisas, neutrales;

mientras que en *Ríodoce* no sólo hacía eso, sino que publicaba otro tipo de textos: sus crónicas, donde la prosa era más libre, creativa, literaria y también donde mostraba de manera más clara su postura sobre los problemas que aquejaban a Sinaloa.

Por ejemplo, en marzo de 2014, tras la segunda captura del narcotraficante Joaquín "El Chapo" Guzmán Loera, el periodista publicó notas en ambos medios sobre el mismo suceso: la marcha que se organizó en Culiacán para mostrar apoyo al Chapo. A continuación, muestro dos extractos de noticias del mismo evento donde se puede apreciar claramente la diferencia en el lenguaje y mensaje que Valdez Cárdenas utilizaba y proponía en cada medio.

La jornada	*Ríodoce*
Ni policías ni soldados pudieron impedir marcha	La macabra y cínica marcha a favor del "Chapo" Guzmán
03/03/2014	02/03/2014
A pesar de los intentos de policías, soldados y marinos para evitar que se manifestaran, unas mil 200 personas marcharon en esta ciudad para exigir la excarcelación de Joaquín "El Chapo" Guzmán y que no sea extraditado. Es la segunda movilización en cuatro días en apoyo al ex líder del cártel de Sinaloa, preso en el penal del Altiplano, en el Estado de México. A pesar de los intentos de policías, soldados y marinos para evitar que se manifestaran, unas mil 200 personas marcharon en esta ciudad para exigir la excarcelación de Joaquín "El Chapo" Guzmán y que no sea extraditado. Es la segunda movilización en cuatro días en apoyo al ex líder del cártel de Sinaloa, preso en el penal del Altiplano, en el Estado de México.[124]	Ahí estaban: los pagados y los que no, los convencidos, argüenderos, jóvenes mitoteros, "puchadores", sicarios, punteros, aspirantes a narcos, émulos, narcas guerreras y orgullosas, juniors de arrancones y piruetas automovilísticas, los que iban al baile y a agarrar cura, los desprotegidos que han recibido algo de la clica y los que ven al cártel de Sinaloa como una opción de seguridad. [...] Era el narco nuestro de cada día, ese de todos los días congregado ahí, mostrándose diáfano, retador, potente, festivo y exigente. Liberen al Chapo, decían, gritaban, bailaban. Su paso por la avenida Obregón fue seguro y sin vigilancia policiaca, y apenas uno que otro agente de tránsito se asomó para facilitar el de por sí estropeado tráfico en alguna bocacalle.[125]

Otro ejemplo del contraste entre sus estilos es esta cobertura de 2017. En ambas relata la violencia que estaban experimentando los policías municipales en Sinaloa, pero el tono, el alcance y la emoción en ambos son diametralmente distintos:

La Jornada	*Ríodoce*
Tres muertos por enfrentamiento en Culiacán	El quinto en la lista
04/04/2017	17/04/2017
Tres personas muertas, entre ellas dos agentes de la Policía Municipal, es el saldo de un enfrentamiento a balazos en el fraccionamiento Alturas del Sur, en esta ciudad capital. Los policías muertos fueron identificados como Jaciel Amador Mendoza, de 30 años, y el comandante Juan Zurita Hernández, quien se desempeñaba como supervisor operativo. El civil que murió no ha sido identificado. Con estos asesinatos, suman ocho los policías muertos a balazos en lo que va del año.[126]	"Soy el número cinco". Lo dijo para que nadie lo oyera. Su voz baja llevaba los decibeles del cementerio, la tersura de las sombras cuando el día se despide y el sol se cae, ya sin fuerza. Sus amigos se quedaron absortos. No sabían de lo que hablaba, pero se lo imaginaban. "Soy el quinto, compadre. Es la neta. Ya mataron a cuatro, de un total de siete. El siguiente soy yo". Era policía municipal. Doce en apenas tres meses y medio habían sido quebrados a balazos: trozados por la espalda, sorprendidos en sus casas, abiertos y sangrantes, desgarrados, arremangados por las tripas, con las ideas grises desparramadas en la nuca y los proyectiles traspasando la piel y perforándolo todo.[127]

A diferencia de los demás periodistas ciudadanos y reporteros locales sobre los que haré referencia en este libro, Valdez Cárdenas tenía la capacidad de trascender el contexto inmediato. Sus textos de *La Jornada* tenían una audiencia nacional y sus libros tenían una internacional. Analizando su obra, argumento que él buscaba cosas diferentes en los diferentes espacios donde publicaba. Pareciera que con sus libros le importaba mostrar los efectos de la violencia en Sinaloa a lectores que nunca habían estado ahí y que quizá nunca irían. Con sus artículos en *La Jornada*, parecía tener una intención meramente informativa. Mientras que en *Ríodoce* publicaba sobre los problemas que afectaban e involucraban directamente a su comunidad y, con ella, a él. De toda esta variedad de producción periodística y literaria, es claro que su muerte estuvo relacionada con su cobertura local: la de *Ríodoce*. En esa faceta, y no la de autor galardonado, a través de su propio medio de comunicación y con la libertad que eso conlleva, se zafaba de las limitantes del periodismo formal, neutral y meramente informativo; en *Ríodoce* fue donde tomó postura sobre los eventos locales y la difundió a través de sus crónicas.

Valdez Cárdenas iba saliendo de la redacción de *Ríodoce* el 15 de mayo de 2017 cuando tres hombres le bloquearon el paso del coche con otro vehículo. Dos de ellos se bajaron y le dispararon 13 veces. Murió con 12 impactos de bala. Era algo que muchos en el medio periodístico creían imposible: que a alguien con la trayectoria y visibilidad de Valdez Cárdenas le pudieran hacer algo así.

A partir del crimen, cada 15 de mayo se conmemora el homicidio de Valdez Cárdenas en Culiacán en un evento de tres días conocidos como la Jornada Malayerba. Para el segundo aniversario luctuoso de Valdez Cárdenas, en mayo de 2019, asistí a esa celebración de la vida y legado del periodista, organizada por sus amigos y familiares, donde también se exige justicia en el caso de su homicidio. Una de las noches que estuve ahí hubo un evento para proyectar un documental sobre personas desaparecidas, y las familiares que las buscan, en el jardín botánico de la ciudad. Al final de la proyección, pasó al frente de la sala un grupo de mujeres sinaloenses. Se les veía tristes, pero fuertes. Eran las madres buscadoras de El Fuerte, a quienes Valdez Cárdenas había escuchado, entrevistado y prestado atención antes de que nadie más lo hiciera.

"Una fosa clandestina con cuatro osamentas fue hallada la mañana de ayer en las cercanías de la comunidad de San Blas, municipio de El Fuerte, informó la organización Las Rastreadoras, integrada por familiares que se dedican a buscar por cuenta propia a sus parientes privados de la libertad ilegalmente",[128] publicó Valdez Cárdenas para *Ríodoce* en 2016 y para *La Jornada*, el mismo año: "Integrantes de la organización Las Rastreadoras localizaron ayer una fosa con seis cadáveres en la comunidad de Tosalibampo, municipio de Ahome, Sinaloa. Mirna Nereida Medina, dirigente del grupo, integrado por familiares de personas desaparecidas, dijo que el hallazgo fue resultado de informes anónimos sobre seis personas asesinadas a balazos en Ahome [...]".[129] La noche de 2019 en Culiacán, Las Rastreadoras hablaron de la importancia del trabajo del periodista, de cuánto lo quisieron, de lo agradecidas que están siempre por haber narrado sus historias y darle visibilidad a su lucha. "Javier estuvo con nosotras desde un principio. Javier fue quien nos llamó Las Rastreadoras. La relación que teníamos con él era muy discreta, porque él era parte de la prensa, pero Javier era como nuestro asesor. Él nos guiaba", diría Mirna Nereida Medina Quiñónez, fundadora del grupo en una entrevista sobre su relación con el cronista después de su muerte.[130] Este es uno de tantos testimonios sobre la relevancia y rol que tenía Valdez Cárdenas en su comunidad inmediata.

***

Un año antes del homicidio del periodista, el 8 de enero de 2016, un operativo llegó a Los Mochis, Sinaloa, para atrapar a uno de los criminales más buscados del mundo. Buscaban al Chapo Guzmán, líder del Cartel de Sinaloa, quien había logrado escapar de dos prisiones de máxima seguridad: la primera el 19 de enero de 2001, escondido en un carrito de lavandería, y la segunda el 11 de julio de 2015, escabulléndose por un túnel secreto desde el baño de su celda hasta un terreno aledaño. Pero ese 8 de enero de 2016, las fuerzas armadas lo capturarían por tercera y última vez.

Lo encontraron viajando en coche con su jefe de sicarios después de huir por túneles subterráneos y salir por una alcantarilla. Después de la captura, Guzmán Loera fue extraditado a Estados Unidos donde enfrentó un juicio de tres meses en la corte federal de Nueva York en Brooklyn. Fue sentenciado a cadena perpetua y actualmente purga su sentencia en la prisión conocida como El Alcatraz de las Rocallosas, en Colorado.[131]

Con la captura de 2016 inició un largo periodo de inestabilidad en la sucesión por el liderazgo del Cartel de Sinaloa y eso, sostengo, sería lo que pondría en riesgo la vida de Valdez Cárdenas.

Tras la extradición del Chapo había dos grupos con un reclamo legítimo para sucederlo al frente de la organización criminal. Por un lado, estaban sus hijos, conocidos como los menores o Chapitos. Por el otro, estaba quien había sido su mano derecha, quien lo había ayudado desde que estuvo preso en el penal de Puente Grande, Jalisco en los años noventa: Dámaso López Núñez, también conocido como "El Licenciado". Para elegir al nuevo líder no habría elecciones ni votaciones y la organización criminal no tenía lineamientos claros para determinar el orden de sucesión. La extradición y salida definitiva del Chapo de Sinaloa y de México había desatado una crisis inevitable al interior del grupo criminal. Había muerto el rey, ¿larga vida a quién?

La batalla por la sucesión se dio, inicialmente, entre Los Chapitos y El Licenciado. Los eventos y momentos de la disputa por el poder han sido reportados ampliamente por la prensa nacional y local. Para los propósitos de este libro, resumiré algunos eventos en viñetas, entrelazando momento clave relacionados al periodista Valdez Cárdenas:

- 08/01/2016: Capturan y arrestan a Guzmán Loera. "Según versiones de los vecinos, en medio de la refriega, *El Chapo* logró salir y meterse a unos túneles conectados con el drenaje pluvial, […] de ahí salió acompañado por varios hombres armados, [...] para luego refugiarse en el hotel Doux, [...]. Allí fue capturado por los marinos",[132] reportó Valdez Cárdenas para *La Jornada*.

- 06/05/2016: Un juez federal aprueba la extradición del Chapo a Estados Unidos. El capo es trasladado del Altiplano, donde había estado preso desde el día de su captura, a una prisión en Ciudad Juárez, Chihuahua.[133]
- 15/08/2016: Un comando armado secuestra a Los Chapitos en un restaurante en Puerto Vallarta, Jalisco. "Los hijos de Guzmán Loera sí tenían escolta, pero ésta fue fácilmente sometida por los secuestradores. Afuera del restaurante cerca de 16 pistoleros resguardaban a los Guzmán, pero el grupo atacante era integrado por cerca de 50 sujetos armados", reportó Valdez Cárdenas.[134] Los Chapitos serían liberados días después. Atribuyeron el secuestro al Cartel Jalisco Nueva Generación (CJNG), que presumiblemente trabajaba con los Dámaso.[135]
- 19/01/2017: Joaquín Guzmán Loera es extraditado. Aterriza la noche del jueves 19 de enero de 2017 en un aeropuerto de Nueva York.[136]

La extradición profundiza la inestabilidad al frente del Cartel de Sinaloa. Una vez fuera del país, el Chapo pierde comunicación con sus hijos y su socio, lo que le impide dirigir la organización criminal desde su celda. En palabras de Valdez Cárdenas, "las pugnas entre El Licenciado y los hijos de Guzmán Loera se iniciaron una vez que éste fue detenido en Los Mochis, en enero de 2016, pero no fue sino hasta que el líder del cártel de Sinaloa fue extraditado que se desató la guerra entre ambos grupos".[137]

- 04/02/2017: Se registra una balacera entre Los Chapitos y los Dámaso.[138] Después se hace pública, mediante el noticiero de Ciro Gómez Leyva, una carta escrita por Los Chapitos donde se revela que El Licenciado los citó a una junta para hablar sobre el secuestro y explicarles que él no lo había ordenado, sin embargo, Los Chapitos dijeron que, al llegar al punto de reunión, se encontraron con una emboscada donde los hombres del Licenciado les dispararon, matando a su personal de seguridad.[139]

- 06/02/2017: Empieza a circular un mensaje anónimo a través de redes sociales y por WhatsApp. Decía que había iniciado la "guerra por el narcomenudeo en Sinaloa" entre Los Chapitos y los Dámaso, que se disputaban las áreas de venta, mencionando como causas las "traiciones, venganzas, nuevos acuerdos".[140]
- 07/02/2017: A partir de las 15:00 horas, se registran persecuciones de vehículos y balaceras de coche a coche entre ambos bandos. Algunos vehículos balaceados quedan abandonados con armas AR-15 y AK-47.[141]
- 08/02/2017: La Fiscalía General del Estado comunica que el día anterior fue "una de las jornadas más violentas en Sinaloa, con enfrentamientos entre células de pistoleros, persecuciones, incursiones de grupos armados, choques con las Fuerzas Armadas, decomisos y aseguramientos de arsenal bélico, así como víctimas inocentes y psicosis generalizada, que se trata en efecto de dos grupos los que pelean la plaza."[142]
- 16/02/2017: Valdez Cárdenas entrevista a una persona enviada y allegada a El Licenciado, quien asegura que El Licenciado no tiene nada en contra de Los Chapitos y que él ya no es parte del Cartel de Sinaloa. Explica que se habían repartido los territorios: él controlaba la zona de Eldorado, en Culiacán, así como Mazatlán, Los Mochis y La Paz, Baja California Sur, pero que Los Chapitos no estaban cumpliendo con el acuerdo. Una fuente de gobierno confirma que Los Chapitos han estado monopolizando y acaparando el mercado de droga.[143] [144]
- 19/02/2017: Una persona cercana a Los Chapitos aborda a Valdez Cárdenas solicitando que no se imprima la entrevis-

ta al Licenciado o que, en su defecto, le venda a él todos los ejemplares.[145] El periodista no accede a ninguna de las dos peticiones y, en respuesta, el grupo criminal envía compradores a todos los puntos de venta para hacer un decomiso de todos los ejemplares del semanario. La edición de *Ríodoce* no denuncia el acto de censura en su momento.[146]

- 20/02/2017: Ante la compra masiva del tiraje impreso, *Ríodoce* publica la entrevista íntegra, en su portal de internet, bajo el título de, **"No disparé a los Guzmán y soy amigo del 'Mayo' Zambada": Dámaso.**[147]
- 24/04/2017: El periodista Loret de Mola publica un video donde se ve al Licenciado comiendo en una marisquería de la Ciudad de México, urdiendo una estrategia de desprestigio contra Los Chapitos para culparlos de toda la violencia en Sinaloa.[148]
- 02/05/2017: Fuerzas de seguridad mexicanas detienen al Licenciado en la colonia Anzures, Ciudad de México durante un operativo pacífico y controlado.[149] Al respecto, Valdez Cárdenas publica que "*el Licenciado* llegó a ser considerado sucesor de Joaquín *El Chapo* Guzmán, pero nunca tuvo el control de la organización por sus confrontaciones con Iván y Alfredo, los hijos del capo sinaloense".[150] También escribe sobre los Chapitos y su lucha por obtener el control de la organización, especialmente tras la captura del Licenciado: "Ahora son ellos quienes buscan estar al frente del *cártel* y para ello deben superar las pugnas con el grupo criminal que lidera Dámaso López Núñez, *El Licenciado*, recién detenido [...]"[151]

Tras la detención del Licenciado, la batalla la heredó su hijo Dámaso López Serrano, quien quedó al frente del grupo de los Dámaso y en contra de Los Chapitos.

- 07/05/2017: Valdez Cárdenas publica **"Dámaso y la escuela del gran dador"**, una crónica que, a propósito del arresto del Licenciado, recoge testimonios de habitantes del Valle de San Lorenzo, territorio de los Dámaso, donde compara al Mini Lic con su padre y describe al hijo (quien ha pasado a encabezar la banda de los Dámaso y la guerra contra Los Chapitos) como una persona sin las capacidades de liderazgo o las agallas de su padre.[152]

- 14/05/2017: Valdez Cárdenas publica **Malayerba: el licenciado**,[153] la historia de un joven al que los Dámaso reclutan de un centro de rehabilitación para volverlo sicario, que *Ríodoce* identifica como una nota que pudo poner en riesgo al autor.[154]
- 15/05/2017: Emboscan y asesinan a Valdez Cárdenas saliendo de la redacción de *Ríodoce*. Las autoridades identificarán después a tres autores materiales del crimen.
- 27/07/2017: Dámaso López Serrano, alias Mini Lic, hijo de El Licenciado, se entrega a las autoridades estadounidenses en la puerta de entrada a San Diego por Tijuana.[155]
- 29/09/2017: Asesinan en San Luis Río Colorado, Sonora, a Luis Ildefonso Sánchez Romero, alias El Diablo, uno de los gatilleros de los Dámaso e identificado como uno de los involucrados en el homicidio del reportero Valdez Cárdenas.[156]
- 10/01/2018: El Mini Lic se declara culpable por el crimen de tráfico de drogas por el que lo buscaban las autoridades estadounidenses.[157] Después confesará haber ordenado 15 asesinatos y más de 20 secuestros, pero aseguró que entre ellos no estaba el del cronista.[158]
- 28/04/2018: La entonces Procuraduría General de Justicia arresta a Heriberto Picos Barraza, alias El Koala, sicario del grupo de los Dámaso, por su participación en el homicidio del periodista en La Paz, Baja California Sur.
- 30/04/2018: Las autoridades comunican que Juan Francisco Picos Barrueto, alias El Quillo, otro asesino a sueldo de los Dámaso, es uno más de los presuntos autores materiales del

periodista. Se encontraba preso en Baja California por otros crímenes cuando le notificaron el nuevo cargo.

- 06/07/2018: El Licenciado es extraditado a Estados Unidos.[159]
- 23/01/2019: El Licenciado testifica en el juicio contra el Chapo Guzmán en la corte federal de Brooklyn y dice que Los Chapitos ordenaron el homicidio del periodista por publicar la entrevista que le hicieron a la persona que fue en representación suya, a pesar de las advertencias de Los Chapitos para no hacerlo.[160] Esta versión va en contra de la investigación que se realiza en México.
- 23/01/2020: Desde México, la Fiscalía Especial para la Atención de Delitos cometidos contra la Libertad de Expresión (Feadle) expide una orden de aprehensión contra el Mini Lic (preso en Estados Unidos por tráfico de droga) por ser el presunto autor intelectual en el asesinato de Valdez Cárdenas.[161]
- 27/02/2020: Heriberto Picos Barraza acepta su participación en el homicidio y recibe una condena de 14 años y 8 meses de prisión mediante un proceso abreviado en el que declina la opción a un juicio oral.[162]
- 08/06/2021: Juan Francisco Picos Barrueta se rehúsa a un procedimiento abreviado, sosteniendo su inocencia, y se va a juicio. El juicio dura un mes, donde se presentan 58 pruebas incluyendo testimonios de testigos y peritos, así como documentos y otros materiales. Un testigo confiesa que el pago por el homicidio del reportero fue una pistola con la imagen de los Dámaso. El juez encuentra culpable a Picos Barrueta y determina que "Javier Valdez fue víctima de homicidio como consecuencia de sus investigaciones periodísticas".[163]
- 17/06/2021: Juan Francisco Picos Barrueta recibe una condena de 32 años y 3 meses en prisión.
- 19/09/2022: El Mini Lic tiene su audiencia de sentencia en la corte de California, donde la juez determina que ya cumplió los años de su pena, especialmente después de colaborar de

> manera enérgica con la fiscalía estadounidense brindándole información. Queda pendiente su caso migratorio, que determinará con otras consideraciones si se queda en el país. No se habla sobre una posible repatriación para enfrentar los cargos por ordenar el homicidio del periodista. [164]

La teoría de la Fiscalía Especializada en Delitos contra la Libertad de Expresión (Feadle), la más fuerte del caso, apunta al Mini Lic como autor intelectual del homicidio. Esta teoría se basa en la publicación de la crónica del 2 de mayo de 2017, "Dámaso y la escuela del gran dador".

En la crónica, Valdez Cárdenas entrevistó a pobladores del Valle de San Lorenzo para rescatar lo que opinaban del Mini Lic y comparó los liderazgos de Dámaso padre y Dámaso hijo. "La gente recuerda a Dámaso López Núñez, el Lic o el Licenciado, por esa generosidad propia de los capos viejos. En las pachangas había comida, dulces para los niños, regalos para las madres", escribió el cronista. Uno de los pobladores entrevistados, en contraste, decía que el Mini Lic "sólo anda en fiestas y gasta lo de su papá, pero no se dice que haga trabajos de esos, de los narcos". Mientras que uno más aseguraba: "No lo vemos como alguien que puede ocupar la posición de jefe, como su padre." Además de reportear y plasmar esas posturas, Valdez Cárdenas añadió la suya:

> Dámaso López Serrano, de quien **se dice es bueno para el cotorreo pero no para los negocios. Sólo bebe las mieles que siembra y cosecha —o cosechaba— su padre. El Minilic, narco de corridos por encargo y pistolero de utilería y de fin de semana**, fue ubicado por agencias gubernamentales de Estados Unidos, como la Antidrogas (DEA), como posible sucesor de Joaquín Guzmán Loera, el Chapo. Lejos de la realidad, de las grandes operaciones de dólares y drogas, **el junior se mueve con al menos veinte pistoleros**,

> todos ellos con armas largas. A él le gusta mostrar una que tiene cacha de oro e incrustaciones. Sabe de camionetas de lujo y de paseos y huateques. Su padre y su familia [...] tienen negocios en la agricultura local y prácticamente todos los salones de fiestas. **Nada que ver con el capo en ciernes, el sucesor del Chapo o de su padre**. Nada (sic). [Las negritas son mías.][165]

"En un hecho sin precedentes en la cobertura del narcotráfico en México, Javier utilizó adjetivos peyorativos y directos hacia el mini Lic., lo llamó 'gatillero de utilería', señaló que pedía corridos por encargo y que vivía a la sombra de su padre (sic)", declaró la organización Propuesta Cívica, misma que le dio acompañamiento legal puntual a la familia del periodista a lo largo de la investigación del caso y los juicios contra los autores materiales del asesinato.[166] Es cierto que esta crónica marcó un parteaguas. El contraste más claro y clásico, quizá, es la entrevista que le hizo Julio Scherer García a Ismael "El Mayo" Zambada, otra figura de liderazgo en el Cartel de Sinaloa, para la revista *Proceso* en 2010. "Sobrepasa el 1.80 de estatura y posee un cuerpo como una fortaleza, más allá de una barriga apenas pronunciada. Viste una playera y sus pantalones de mezclilla azul mantienen la línea recta de la ropa bien planchada", escribió el periodista de *Proceso*.[167] Su texto es descriptivo, detallado, pero cuidadoso. Scherer García procuró relatar y retratar lo que pasó en ese encuentro sin calificarlo o añadirle un juicio de valor, sin posicionarse al respecto. En su entrevista, el periodista se ciñe a las reglas de su fuente. No las cuestiona. Llega ahí citado por el Mayo y acata los acuerdos del encuentro que el capo pone. Scherer García nos regala un asomo a la vida privada del capo más esquivo de las últimas décadas en la narrativa criminal mexicana sin cuestionar nunca su autoridad. El texto de Valdez Cárdenas es distinto desde el planteamiento: el cronista sinaloense busca entender y difundir lo que la gente opina del capo sin su autorización o participación. Es un texto sin el permiso o la invitación del narco, más bien a costa suya.

La crónica de Valdez Cárdenas también es un retrato del capo, pero este retrato está dibujado por los ojos y las experiencias de la gente común y corriente a la que domina o busca dominar.

A pesar de que, en efecto, es inusual que un periodista menosprecie a un miembro del crimen organizado públicamente, propongo que utilizar un tono peyorativo no fue la manera en que Valdez Cárdenas tomó postura, ni eso lo puso en riesgo, o al menos no fue tan relevante. Más allá de los adjetivos con los que describe al capo, en su crónica el periodista cuestiona si el Mini Lic realmente tiene la capacidad de suceder a su padre al frente de la organización de los Dámaso y, por consiguiente, al Chapo al frente del Cartel de Sinaloa. Es posible cuestionar su capacidad de liderazgo sin ocupar un lenguaje peyorativo. Un claro ejemplo de ello es otro texto del propio Valdez Cárdenas, publicado por *La Jornada*, donde el periodista también tomó postura sobre la capacidad de liderar del Mini Lic. A pesar de tener un lenguaje mucho más aséptico y en línea con la producción informativa del periódico, la idea de cuestionar las capacidades del Mini Lic se sostiene:

La Jornada	*Ríodoce*
Debe pelear *El Mini Lic* por control del *cártel* de Sinaloa	Dámaso y la escuela del gran dador
06/05/2017	07/05/2017
Dámaso López Serrano, El Mini Lic, será quien enfrente a los grupos que dirigen Ismael El Mayo Zambada y los hijos de Joaquín Guzmán Loera, por el control del cártel de Sinaloa. El hijo de Dámaso López, El Licenciado, controla dos grupos de sicarios y se considera un joven seductor que difundía hasta hace unos meses su vida en zonas del Triángulo Dorado. El Mini Lic se mueve con relativa libertad en la zona bajo el control de este	[...] La gente recuerda a Dámaso López Núñez, el Lic o el Licenciado, por esa generosidad propia de los capos viejos. En las pachangas había comida, dulces para los niños, regalos para las madres. Y música, mucha música y bebidas. En esas sí participaba su hijo, el mayor, llamado el Minilic, **Dámaso López Serrano, de quien se dice es bueno para el cotorreo pero no para**

grupo criminal que forma parte del cártel de Sinaloa, acompañado por un grupo de alrededor de 20 personas, la mayoría con armas largas y en vehículos de lujo. […]. Versiones extraoficiales señalan que no terminó sus estudios de licenciatura en derecho en la Universidad Autónoma de Sinaloa, y que **vive de los negocios emprendidos por su padre**, el jefe de este grupo criminal, que ahora mantiene una guerra con Iván Archivaldo y Alfredo, hijos de Joaquín Guzmán Loera, El Chapo, recientemente extraditado a Estados Unidos. […] En la ciudad de Navolato, hasta antes de que se fracturaran las relaciones con los hijos de Guzmán, tenían también el control del narcomenudeo y las máquinas tragamonedas, también llamados casinitos, que luego, en una de las primeras manifestaciones violentas de la fractura entre estos grupos criminales, fueron arrebatadas por los Chapitos. […]. **No lo vemos como alguien que puede ocupar la posición de jefe, como su padre. Él anda de paseo. Cuando platican de él jamás dicen que ande en ese tipo de negocios. Sólo dicen que anda en fiestas, gastando lo que tiene su papá y se ha metido en problemas, pero no dicen más**, manifestó uno de los habitantes de esta región, quien conoce a la familia de El Licenciado desde hace muchos años. Por lo pronto, en el Valle de San Lorenzo seguramente extrañarán las fiestas que por el Día de las Madres, **los negocios. Sólo bebe las mieles que siembra y cosecha —o cosechaba— su padre.**

El Minilic, narco de corridos por encargo y pistolero de utilería y de fin de semana, fue ubicado por agencias gubernamentales de Estados Unidos, como la Antidrogas (DEA), como posible sucesor de Joaquín Guzmán Loera, el Chapo. Lejos de la realidad, de las grandes operaciones de dólares y drogas, el junior se mueve con al menos veinte pistoleros, todos ellos con armas largas.

A él le gusta mostrar una que tiene cacha de oro e incrustaciones. Sabe de camionetas de lujo y de paseos y huateques. […].

“Cuando hablan de él, es por las fiestas o por el cotorreo. Antes venía con su gente para acá, para los pueblos, pero ahora que se puso feo ya no vienen. Él sólo anda en fiestas y gasta lo de su papá, pero no se dice que haga trabajos de esos, de los narcos. Nada de eso”, afirmó uno de los habitantes del Valle de San Lorenzo, quien por seguridad pidió el anonimato.

Muchos saben que ya no está aquí, que por órdenes del Licenciado, mucho antes de que fuera detenido, fue sacado de la región o quizá del estado o tal vez del país.

“No lo vemos como alguien que pueda ocupar la posición de jefe, como su padre. Él anda de paseo”, manifestó otro. […].

cada 10 de mayo, organiza El Licenciado y sus huestes, incluidos los familiares, con grupos musicales, comida y regalos. * [168]	De las fiestas ahora sólo queda el recuerdo. Y la añoranza. Viene el 10 de mayo, Día de las Madres, y no habrá quién, en medio de la guerra entre dámasos y chapitos, les lleve comida, música y regalos. Nadie sabe si los caminos seguirán desolados o habitados por epitafios como cardos y retenes de civiles empecherados y militares blindados.[169]

Con su crónica "Dámaso, la escuela del gran dador", Valdez Cárdenas no simplemente insultó a un narco, hizo algo mucho más trascendental: recabó la opinión pública, o el grado de popularidad de uno de los contendientes para liderar el cartel, y cuando encontró que la opinión era desfavorable la secundó, tomando postura respecto a su falta de capacidad para dirigir. En "Debe pelear *El Mini Lic* por control del *cártel* de Sinaloa", el periodista hizo lo mismo, pero sostengo que ese texto no lo puso en riesgo. La gran diferencia entre ambos artículos no es el lenguaje peyorativo, sino el alcance de los medios y sus audiencias. Como podemos observar, ambos textos muestran la postura del periodista, sin embargo, uno está dirigido a una audiencia nacional, desperdigada, lejana e impersonal, mientras que el otro va dirigido a la comunidad que pretende dominar el Mini Lic. Si esta opinión desfavorable del Mini Lic sólo se hubiera publicado en *La Jornada*, tomar postura quizá no hubiera sido crítico para la vida del periodista, a pesar de hacerlo en un momento de transición en el poder, pero al publicarlo en *Ríodoce*, Valdez Cárdenas involucró a la comunidad directamente afectada por la disputa del liderazgo del cartel, esa comunidad que ultimadamente podía descalificar al Mini Lic a un nivel popular y quitarle respaldo o perderle el respecto, si alguna vez lo tuvo. A nivel nacional, algunas personas pensaban que

* Las negritas son mías.

Dámaso López Serrano no era muy fuerte, quizá era irrelevante. Pero una cosa muy distinta era recopilar diversas opiniones locales que coincidían en que el Mini Lic no era un perfil fuerte, aglutinarlas y respaldaras desde su postura como autor de la nota y como una persona respetada y admirada en su comunidad. Hacer lo segundo afectaba directamente la reputación del narco en el terreno donde pretendía dirigir. "[…] por la naturaleza de su oficio, el periodista tiene un doble carácter", escribe la historiadora Ana María Serna, "a un mismo tiempo es vocero de la opinión pública y constructor de la misma: un transmisor y un productor de opinión".[170]

Habrá quien se pregunte si la opinión del pueblo importa realmente en este caso. No se está eligiendo a un candidato en las urnas, sino se está decidiendo, entre narcos, quién va a ser el nuevo líder. Los líderes de grupos del crimen organizado también necesitan respaldo popular, sus filas están compuestas por miembros de la comunidad y su reputación es relevante para sus actividades. En 2012, la periodista Alma Guillermoprieto publicó una anécdota que vivió un periodista local mexicano de Durango en 2010. En su nota, *Mexico: Risking Life for Truth*, Guillermoprieto narra cómo llegan representantes de los Zetas a un pueblo y convocan a una rueda de prensa, pero en lugar de dar a conocer información nueva, dan lineamientos a los periodistas: "Nos gustaría, dicen, que fueran considerados con nosotros en su cobertura. Hemos visto o escuchado ciertos artículos o noticieros que son injustos y, nos atrevemos a decir, desagradables para nosotros", escribe Guillermoprieto relatando lo que le contaron los periodistas duranguenses. "Los tenemos en la mira. Nos gustaría que consideraran bien las consecuencias de ofendernos. Sabemos que no les gustaría el resultado. Advertimos, pero no perdonamos".[171] Esto es, por supuesto, terrorífico, pero lo que me interesa rescatar es lo que prohíben. No hablan nunca de investigaciones periodísticas ni de no revelar datos sensibles o información de sus operaciones. Prohíben generarles un disgusto. Se pude argumentar que, si se publicara información sensible de sus negocios, eso también les generaría un disgusto. A los hombres de la conferencia de prensa no les gustan las notas "injustas", lo que implica un enfoque, sesgo o una calificación. El propio Scherer García narra que el Mayo lo contactó a él porque su cobertura le parecía justa. Lo mismo me dijo Emma Coronel Aispuro, esposa del Chapo Guzmán, ahora purgando una condena por narcotráfico en Estados Unidos, cuando platicamos por instantes en los descansos durante el juicio contra su marido, que a ella y a sus amigos les parecía que mi cobertura era justa.

En enero de 2020, La Feadle giró una orden de aprehensión para el Mini Lic como presunto autor intelectual del homicidio del cronista. La justicia mexicana lo busca por presuntamente ordenar el asesinato de Javier Valdez Cárdenas. Esta determinación se basó en el hecho de que Luis Ildefonso Sánchez Romero, el gatillero asesinado en Sonora, así como los otros dos autores materiales del crimen, Heriberto Picos Barraza y Juan Francisco Picos Barrueta, eran sicarios del grupo de los Dámaso. La probable culpabilidad del Mini Lic también se abordó durante los juicios de los dos sicarios vivos, quienes dijeron recibir una cantidad en efectivo y una pistola como pago de parte del Mini Lic por matar al periodista.

A pesar de que el Mini Lic ya cumplió su condena por tráfico de droga, con reducción de la pena por colaborar con la fiscalía estadounidense proveyendo información, el capo no ha sido repatriado de regreso a México para enfrentar los cargos por ordenar el homicidio del periodista.

El caso contra el Mini Lic es el más sólido. Aun así, existen otras teorías que apuntan a Los Chapitos como los asesinos intelectuales. Esta teoría se basa en que no hay una prueba física: nunca se encontró el arma que sirvió como supuesto pago de parte del Mini Lic a los sicarios sentenciados. También existen declaraciones anónimas en México y Estados Unidos, recabadas por el periodista Keegan Hamilton de *Vice News*, que aseguran que Los Chapitos están coludidos con las autoridades mexicanas para señalar al Mini Lic como culpable.[172] Aunque no es imposible, sería necesario que la red de corrupción hubiera pasado del nivel estatal al federal, ya que la fiscalía que giró la orden de aprehensión fue la Feadle a nivel federal con base en la Ciudad de México y que los Chapitos hubieran comprado a gente de confianza de los Dámaso (los tres sicarios), para que asesinaran por encargo de ellos. Desde mi perspectiva, parece poco probable.

***

Hay varios puntos que vale la pena resaltar en el caso de Valdez Cárdenas. En primer lugar, hay que señalar que la obra y función periodística de Valdez Cárdenas distaba mucho de la de Condés Jaramillo, el reportero *Facebookero* del Estado de México. Sobre todo, si evaluamos a Valdez Cárdenas como el conjunto de todas sus facetas. Era un profesional del oficio periodístico en el sentido tradicional: consultaba fuentes, investigaba, recababa testimonios, contrastaba versiones. Publicaba notas informativas para un periódico nacional y era autor de libros incluso traducidos a otros idiomas. El cronista tenía tres audiencias distintas: la internacional (de libros), la nacional (*La Jornada*) y la local (*Ríodoce*) y producía contenido diferente para cada una, con intención aparentemente diferenciada en cada caso. A nivel local se involucraba más, se enlodaba, se posicionaba, era parte de la comunidad, asesoraba a Las Rastreadoras, acompañaba víctimas.

En segundo lugar, es crucial separar este caso de la violencia generada por el narcotráfico en general. Hay que entenderlo dentro del contexto de una escalada en la violencia en Sinaloa, pero una escalada *provocada por una situación de inestabilidad por la sucesión del liderazgo del cartel.* Ambos bandos, los Chapitos y los Dámaso, peleaban por determinar quién se quedaría al frente del Cartel de Sinaloa y, por lo tanto, la figura de poder último en la región. La muerte del periodista no fue ocasionada por un fuego cruzado o una balacera descontrolada, Valdez Cárdenas fue el blanco inequívoco del crimen que le arrebató la vida.

En tercer lugar, a partir del contexto de transición en el poder resulta interesante el papel que jugaba la información y su influencia en moldear la opinión pública respecto a la reputación de los capos a partir de la disputa entre los Chapitos y los Dámaso. Un ejemplo de ello es la carta que los Chapitos enviaron al noticiero de Ciro Gómez Leyva narrando su versión de una balacera donde ellos eran las víctimas y señalaban al Licenciado como el sanguinario y traidor. Versión que El Licenciado desmintió. Otro ejemplo es cuando El Licenciado quiso "armar una campaña en redes sociales para acusar [a los Chapitos] del repunte de la violencia en el país y contrató a un hacker", plan que se hizo público a través de Loret de Mola mediante el video donde se puede ver al Licenciado diseñando el plan en una marisquería de la Ciudad de México.[173] Según testimonios de *Ríodoce*, es claro que a los capos les importa lo que la gente piense, por ejemplo, cuando Los Chapitos solicitaron a Valdez Cárdenas no publicar la entrevista que le hizo a la persona enviada por el Licenciado para dar una versión como intermediaria. Su principal preocupación en esa entrevista era que, El Licenciado negaba estar involucrado en el secuestro de los Chapitos, aparentando así, ser un líder justo y viable para suceder al Chapo. La estrategia de compra masiva del tiraje de ese número nos confirma que les importaba lo que la población pensara, buscaban evitar que la entrevista llegara a los ojos y oídos de los sinaloenses.

El poder que los criminales le conceden a la opinión pública puede parecer extraño porque sus líderes no se eligen en las urnas, pero eso no significa que su reputación no sea importante a la hora de buscar respaldo entre sus filas y aumentar su capacidad de reclutamiento. Al final del día, los grupos del crimen organizado están conformados por filas y filas de empleados y colaboradores de la comunidad, que se suscriben al estilo de vida de los cárteles. Quienes se inscriben a las filas de los grupos del crimen organizado lo hacen porque éstos han sido exitosos en ofrecer alternativas viables de vida: buenos ingresos y sentido de pertenencia. Conforme más se expande la propaganda de los grupos criminales a través de series televisivas, ropa y música, crece su capacidad para reclutar. Los narcos que lideran estos grupos lo hacen con base en una reputación de ser implacables, violentos y con características tradicionalmente masculinas como poder, capacidad de liderazgo, riqueza, entre otras. Esto les concede respeto y garantiza que los demás del grupo los sigan. Además, a la mitad de una lucha por el liderazgo del cartel, la buena reputación o una reputación de hombre fuerte, brutal e implacable, también puede influir en sus enemigos. En su investigación sobre la comunicación criminal, America Y. Guevara propone que los narcos usan la propaganda para tres propósitos: el reclutamiento, la aceptación social y para influir en la sociedad y el gobierno. [174]A los narcos, como a cualquier otro líder autocrático local, les importa lo que piensen de ellos. Y eso puede ser letal para un líder comunitario que toma postura en una sucesión por el poder.

Para que se dé el mecanismo que propongo en este libro, tienen que existir todas las variables mencionadas: tomar postura, hacerlo durante un momento de transición, desde un medio local y como una figura respetada. Valdez Cárdenas, con la autoridad que tenía en la comunidad cubriendo temas locales para *Ríodoce*, propuso que el Mini Lic no tenía el carácter necesario para ser el siguiente gran capo y lo hizo en un momento de inestabilidad donde se estaba disputando precisamente el liderazgo del cártel.

Arturo Javier Valdez Cárdenas:

- ☑ Periodista ciudadano/a o reportero/a local.
- ☑ Respetado/a por su comunidad.
- ☑ Con la capacidad de promover la participación social.
- ☑ Tomó postura frente a un hecho.
- ☑ Cuestionó al poder (político o criminal) y su narrativa.
- ☑ El poder estaba atravesando un periodo de inestabilidad.

Segunda Jornada Malayerba en Culiacán, Sinaloa. Foto de mayo de 2019.

Segunda Jornada Malayerba en Culiacán, Sinaloa. Foto de mayo de 2019.

Segunda Jornada Malayerba en Culiacán, Sinaloa. Foto de mayo de 2019.

Segunda Jornada Malayerba en Culiacán, Sinaloa. Foto de mayo de 2019.

Carteles con la imagen de Javier Valdez Cárdenas, junto a carteles alusivos a personas desaparecidas y a las madres que las buscan, en las paredes de la fiscalía estatal durante la segunda Jornada Malayerba en Culiacán, Sinaloa. Foto de mayo de 2019.

Notas

[107] https://www.cosecharoja.org/elegia-javier-valdez-cardenas/. 2017. «Elegía a Javier Valdez Cárdenas». Cosecha Roja (blog). 16 de mayo de 2017. https://cosecharoja.org/elegia-javier-valdez-cardenas/.

[109] Luis Alberto Díaz [@Noticierista]. 2023. «Así los disparos desde un helicóptero de fuerzas armadas en la comunidad de Jesús María, Culiacan. De forma extraoficial se habla de la detención de un líder de la delincuencia organizada @noticieristas https://t.co/M92kfOuCj7». Tweet. Twitter. https://twitter.com/Noticierista/status/1610988891817021440.

[110] Rubén Rocha Moya [@rochamoya_]. 2023. «Ante los eventos que están ocurriendo en Culiacán, pido a las y los ciudadanos conservar la calma y resguardarse en sus hogares. Las autoridades están ejerciendo su tarea y los mantendremos enterados». Tweet. Twitter. https://twitter.com/rochamoya_/status/1611013568643862528.

[111] Díaz, Luis Alberto y Los Noticieristas [@noticieristas]. 2023. «#VIDEO | Grupos armados toman el aeropuerto internacional de #Culiacán para evitar traslado de posibles detenidos https://t.co/6CtKMZOmB8». Tweet. Twitter. https://twitter.com/noticieristas/status/1611013235095883777.

[112] Marcos Vizcarra [@marcosvizcarra]. 2023. «Estoy dentro de un hotel al norte de la ciudad de Culiacán. Hace unas tres horas me quitaron mi carro y me puse resguardar aquí. Los armados entraron al Hotel de nombre Two y están amenazando a clientes para que les den sus llaves de carros. Hay gritos y llantos». Tweet. Twitter. https://twitter.com/marcosvizcarra/status/1611056248862175232.

[113] UNITED STATES DISTRICT COURT FOR THE DISTRICT OF COLUMBIA. 2017. «UNITED STATES OF AMERICA v. JOAQUIN GUZMAN LOPEZ, also known as "EL GUERO," "GUERO MORENO," and "MORENO" and OVIDIO GUZMAN LOPEZ, also known as "EL RATON" and "RATO NUEVO"». https://www.justice.gov/opa/press-release/file/1134166/download.

[114] Grupo Reforma. 2023. «Tengo permiso para matarte.- sicarios en Sinaloa». *Reforma.* 6 de enero de 2023. https://www.reforma.com/tengo-permiso-para-matarte-sicarios-en-sinaloa/ar2531405.

[115] Valdez, Javier (et al.). *El Bato*, edición conmemorativa realizada en su memoria. *Ríodoce*. P.60.

[116] Valdez, Javier (et al.). *El Bato*, edición conmemorativa realizada en su memoria. *Ríodoce*. P.119.

[117] Valdez, Javier. «Notifican a comerciantes violación a los reglamentos». *Noreste*. 6 de julio de 1998. Disponible en el repositorio digital de Defensores de la Democracia. www.ddld.com.

[118] Valdez, Javier. «En agosto solución definitiva a cruceros conflictivos». *Noreste*. 12 de julio de 1998. Disponible en el repositorio digital de Defensores de la Democracia. www.ddld.com.

[119] Valdez, Javier. «Torres. Jornadas de saneamiento arrojaron resultados positivos». *Noreste*. 1 de julio de 1998. Disponible en el repositorio digital de Defensores de la Democracia. www.ddld.com

[120] Valdez, Javier. «Con sabor a asfalto». *Noreste*. 15 de noviembre de 1998. Disponible en el repositorio digital de Defensores de la Democracia. www.ddld.com.

[121] Valdez, Javier. «Con sabor a asfalto». *Noreste*. 13 de diciembre de 1998. Disponible en el repositorio digital de Defensores de la Democracia. www.ddld.com.

[122] Valdez, Javier. «Con sabor a asfalto». *Noreste*. 19 de julio de 1998. Disponible en el repositorio digital de Defensores de la Democracia. www.ddld.com.

[123] Narváez, Monserrat. 2020. «#DeQuéEscribía Javier Valdez: Historias, calles y vidas. Un encuentro con lo cotidiano». Animal Político. 13 de noviembre de 2020. https://www.animalpolitico.com/analisis/organizaciones/defensores-de-la-democracia/dequeescribia-javier-valdez-historias-calles-y-vidas-un-encuentro-con-lo-cotidiano.

[124] Valdez, Javier. 2014. «Ni policías ni soldados pudieron impedir marcha». *La Jornada*. 3 de marzo de 2014. Disponible en el repositorio digital de Defensores de la Democracia. www.ddld.com.

[125] Malayerba. 2014. «La macabra y cínica marcha a favor del "Chapo" Guzmán – Ríodoce». *Ríodoce*. 2 de marzo de 2014. https://riodoce.mx/2014/03/02/la-macabra-cinica-marcha-favor-del-chapo-guzman/.

[126] Valdez, Javier. 2014. «Tres muertos por enfrentamiento en Culiacán». *La Jornada*. 4 de abril de 2017. Disponible en el repositorio digital de Defensores de la Democracia. www.ddld.com.

[127] Malayerba. 2017. «El quinto en la lista». *Ríodoce*. 17 de abril de 2017. https://riodoce.mx/2017/04/17/el-quinto-en-la-lista/.

128 Malayerba. 2016. «Nostalgia». *Ríodoce*. 20 de marzo de 2016. https://riodoce.mx/2016/03/20/nostalgia/.

[129] Valdez, Javier y Gómez, Eirinet. 2016. «Encuentran voluntarias fosa con seis cadáveres en Sinaloa». *La Jornada*. 15 de septiembre de 2016. https://www.jornada.com.mx/2016/09/15/estados/030n2est.

[130] Bojórquez, Carlos. 2017. «"Javier nos llamó Las Rastreadoras"». *Noreste*. 24 de mayo de 2017. https://www.noroeste.com.mx/buen-vivir/javier-nos-llamo-las-rastreadoras-ESNO1084202.

[131] Redacción. 2022. «'El Chapo' Guzmán: Arrestos, escapes, juicio y condena... una historia de película». *El Financiero*. 25 de enero de 2022. https://www.elfinanciero.com.mx/nacional/2022/01/25/el-chapo-guzman-arrestos-escapes-juicio-y-condena-una-historia-de-pelicula/.

[132] Valdez, Javier. 2016. «Cayó El Chapo». *La Jornada*. 9 de enero de 2016. https://www.jornada.com.mx/2016/01/09/politica/002n1pol.

[133] Malayerba. 2016. «Concedió juez federal extradición del Chapo a Estados Unidos». *Ríodoce*. 7 de mayo de 2016. https://riodoce.mx/2016/05/07/concedio-juez-federal-extradicion-del-chapo-a-estados-unidos/.

[134] Valdez, Javier. 2016. «Mediaron gobierno, Caro y El Mayo para liberar a los hijos del Chapo». *La Jornada*. 29 de agosto de 2016. https://www.jornada.com.mx/2016/08/29/politica/003n1pol.

[135] Redacción. 2020. «El día que "El Mencho" secuestró a los "Chapitos": hace cuatro años se pudo desatar la más sangrienta de las guerras entre cárteles». infobae. 16 de agosto de 2020. https://www.infobae.com/america/mexico/2020/08/16/el-dia-que-el-mencho-secuestro-a-los-chapitos-hace-cuatro-anos-se-pudo-desatar-la-mas-sangrienta-de-las-guerras-entre-carteles/.

[136] Beauregard, Luis Pablo. 2017. «Extradición: México extradita a Estados Unidos a 'El Chapo' Guzmán». *El País*. 20 de enero de 2017. https://elpais.com/internacional/2017/01/19/mexico/1484866165_167492.html.

[137] Valdez, Javier y Castillo, Gustavo. 2017. «El compadre de El Chapo, su peor enemigo». *La Jornada*. 3 de mayo de 2017. https://www.jornada.com.mx/2017/05/03/politica/004n1pol.

[138] Redacción Zeta. 2017. «Guerra en Cártel de Sinaloa: Dámaso contra Chapitos». *Semanario ZETA*. 13 de febrero de 2017. https://zetatijuana.com/2017/02/guerra-en-cartel-de-sinaloa-damaso-contra-chapitos/.

[139] EFE. 2017. «Hijos de "El Chapo" acusan emboscada del "Licenciado", brazo derecho de su padre». *El Universal*. 9 de febrero de 2017. https://www.eluniversal.com.mx/articulo/nacion/seguridad/2017/02/9/hijos-de-el-chapo-acusan-emboscada-del-licenciado-brazo-derecho.

[140] Redacción Zeta. 2017. «Guerra en Cártel de Sinaloa: Dámaso contra Chapitos». *Semanario ZETA*. 13 de febrero de 2017. https://zetatijuana.com/2017/02/guerra-en-cartel-de-sinaloa-damaso-contra-chapitos/.

[141] Ibidem.

[142] Ibidem.

[143] Redacción. 2017. «"No disparé a los Guzmán y soy amigo del 'Mayo' Zambada": Dámaso». *Ríodoce*. 20 de febrero de 2017. https://riodoce.mx/2017/02/20/no-dispare-a-los-guzman-y-soy-amigo-del-mayo-zambada-damaso/.

[144] Redacción. 2018. «Los trabajos de Javier Valdez que pudieron molestar a los Dámaso». *Ríodoce*. 1 de mayo de 2018. https://riodoce.mx/2018/05/01/los-trabajos-de-javier-valdez-que-pudieron-molestar-a-los-damaso/.

[145] Ibidem.

[146] Hernández, Ernesto. 2017. «La requisa». *Ríodoce*. 6 de marzo de 2017. https://riodoce.mx/2017/03/06/la-requisa/.

[147] Redacción. 2017. «"No disparé a los Guzmán y soy amigo del 'Mayo' Zambada": Dámaso». *Ríodoce*. 20 de febrero de 2017. https://riodoce.mx/2017/02/20/no-dispare-a-los-guzman-y-soy-amigo-del-mayo-zambada-damaso/.

[148] Redacción. 2019. «Así fue la guerra entre "El Licenciado" y "Los Chapitos"». La Silla Rota. 17 de abril de 2019. https://lasillarota.com/estados/2019/4/17/asi-fue-la-guerra-entre-el-licenciado-los-chapitos-178045.html.

[149] UNITED STATES DISTRICT COURT FOR THE DISTRICT OF COLUMBIA. 2017. «UNITED STATES OF AMERICA v. JOAQUIN GUZMAN LOPEZ, also known as "EL GUERO," "GUERO MORENO," and "MORENO" and OVIDIO GUZMAN LOPEZ, also known as "EL RATON" and "RATO NUEVO"». https://www.justice.gov/opa/press-release/file/1134166/download.

[150] Castillo, Gustavo y Javier Valdez. 2017. «Detienen a El Licenciado; se ocultaba en la capital». *La Jornada.* 3 de mayo de 2017. https://www.jornada.com.mx/2017/05/03/politica/003n1pol.

[151] Valdez, Javier y Castillo, Gustavo. 2017. «Dos hijos de El Chapo disputan desde febrero el liderazgo del cártel de Sinaloa». *La Jornada.* 7 de mayo de 2017. https://www.jornada.com.mx/2017/05/07/politica/007n1pol.

[152] Redacción. 2018. «Los trabajos de Javier Valdez que pudieron molestar a los Dámaso». *Ríodoce.* 1 de mayo de 2018. https://riodoce.mx/2018/05/01/los-trabajos-de-javier-valdez-que-pudieron-molestar-a-los-damaso/.

[153] Malayerba. 2017. «El licenciado». *Ríodoce.* 15 de mayo de 2017. https://riodoce.mx/2017/05/15/malayerba-el-licenciado/.

[154] Redacción. 2018. «Los trabajos de Javier Valdez que pudieron molestar a los Dámaso». *Ríodoce.* 1 de mayo de 2018. https://riodoce.mx/2018/05/01/los-trabajos-de-javier-valdez-que-pudieron-molestar-a-los-damaso/.

[155] Office of Public Affairs. 2017. «Sinaloa Cartel Cell Leader Self-Surrenders». Department of Justice. 7 de agosto de 2017. https://www.justice.gov/opa/pr/sinaloa-cartel-cell-leader-self-surrenders.

[156] Castillo, Gustavo y Emir, Alonso. 2018. «Sólo uno de los presuntos asesinos materiales ha sido sometido a proceso por este crimen». *La Jornada.* 15 de mayo de 2018. https://www.jornada.com.mx/2018/05/15/politica/003n1pol.

[157] Redacción. 2022. «PERFIL: Dámaso López 'Mini Lic', el capo que se entregó a la DEA para reducir su condena». *El Financiero.* 16 de septiembre de 2022. https://www.elfinanciero.com.mx/nacional/2022/09/16/perfil-mini-lic-el-capo-mexicano-que-se-entrego-a-la-dea-para-reducir-su-condena/.

[158] Redacción. 2019. «De ahijado del Chapo a informante de EEUU: así fue como "El Mini Lic" perdió la batalla por el Cártel de Sinaloa». infobae. 12 de agosto de 2019. https://www.infobae.com/america/mexico/2019/08/12/compadrazgos-y-traiciones-el-mini-lic-ahijado-del-chapo-termino-como-informante-de-eeuu-al-perder-la-batalla-por-el-cartel-de-sinaloa/.

[159] UNITED STATES DISTRICT COURT FOR THE DISTRICT OF COLUMBIA. 2017. «UNITED STATES OF AMERICA v. JOAQUIN GUZMAN LOPEZ, also known as "EL GUERO," "GUERO MORENO," and "MORENO" and OVIDIO GUZMAN LOPEZ, also known as "EL RATON" and "RATO NUEVO"». https://www.justice.gov/opa/press-release/file/1134166/download.

[160] Ibarra, Alejandra. 2019. «Dámaso acusa y se defiende sobre asesinato de Javier Valdez – Ríodoce». *Ríodoce*. 29 de enero de 2019. https://riodoce.mx/2019/01/29/damaso-acusa-y-se-defiende/.

[161] FGR México [@FGRMexico]. 2020. «#FGRInforma a través de la Fiscalía Especializada en Materia de Derechos Humanos, obtuvo de un Juez Federal de Control en Sinaloa, orden dc aprehensión en contra de Dámaso "L" por su probable responsabilidad como autor intelectual del homicidio del periodista Javier Valdez. https://t.co/yuonoH2IMX». Tweet. Twitter. https://twitter.com/FGRMexico/status/1220538844916793345.

[162] Redacción. 2021. «Caso: Javier Arturo Valdez Cárdenas». Propuesta Cívica. 19 de enero de 2021. https://propuestacivica.org.mx/casos/javier-arturo-valdez-cardenas.

[163] Ibidem.

[164] Hamilton, Keegan. 2022. «Mexico Wants the US to Hand Over El Chapo's Godson for Killing of Legendary Journalist». Vice (blog). 19 de septiembre de 2022. https://www.vice.com/en/article/4ax4q9/damaso-lopez-journalist-killing-extradition.

[165] Valdez, Javier. 2017. «Dámaso y la escuela del gran dador». *Ríodoce*. 7 de mayo de 2017.

[167] Redacción. 2021. «Fallo condenatorio para Juan Francisco Picos por su participación en el asesinato de Javier Valdez». Propuesta Cívica (comunicado). 8 de junio de 2021. https://propuestacivica.org.mx/noticia/fallo-condenatorio-para-juan-francisco-picos-barrueta-alias-el-quillo-por-su-participacion-en-el-asesinato-del-periodista-javier-valdez.

[168] Scherer, Julio. 2010. «"Si me atrapan o me matan… nada cambia"». *Proceso*. 4 de abril de 2010.

[169] Valdez, Javier y Castillo, Gustavo. 2017. «La Jornada: Debe pelear El Mini Lic por control del cártel de Sinaloa». *La Jornada.* 6 de mayo de 2017. https://www.jornada.com.mx/2017/05/06/politica/008n1pol.

[170] Valdez, Javier. 2017. «Dámaso y la escuela del gran dador». *Ríodice*. 7 de mayo de 2017.

[171] Serna, Ana María. 2014. «Prensa y sociedad en las décadas revolucionarias (1910-1940)». *Secuencia*, No. 88 México, enero/abril 2014.

172 Guillermoprieto, Alma. 2022. «Mexico: Risking Life for Truth». *The New York Review*. 22 de noviembre de 2022. https://www.nybooks.com/articles/2012/11/22/mexico-risking-life-truth/.

[172] Hamilton, Keegan. 2022. «Mexico Wants the US to Hand Over El Chapo's Godson for Killing of Legendary Journalist». *Vice* (blog). 19 de septiembre de 2022. https://www.vice.com/en/article/4ax4q9/damaso-lopez-journalist-killing-extradition.

Redacción Espejo. 2022. «El 'Minilic' queda en libertad condicional en Estados Unidos». *Revista Espejo*. 16 de septiembre de 2022. https://revistaespejo.com/2022/09/16/el-minilic-queda-en-libertad-condicional-en-estados-unidos/.

[173] Staff. 2017. «Video de Dámaso López, El Licenciado, en un restaurante de la CDMX». e-consulta. 2 de mayo de 2017. https://www.e-consulta.com/nota/2017-05-02/nacion/video-de-damaso-lopez-el-licenciado-en-un-restaurante-de-la-cdmx.

[174] Guevara, America. 2013. «Propaganda in Mexico's Drug War». *Journal of Strategic Security* 6 (3): 131-51.

PODER E INESTABLIDAD

Se ha comprobado que los procesos electorales son peligrosos para los reporteros, por ello en 2015, en México, se creo la campaña #RedRompelMiedo (RRM): para documentar las agresiones contra periodistas cubriendo procesos electorales. Durante las elecciones intermedias de 2021, la RRM registró "81 agresiones contra periodistas durante la cobertura del proceso electoral" del 19 de abril al 31 de junio de 2021.[175] También durante ese proceso electoral fueron asesinados 79 candidatos y candidatas en el país. Esto nos obliga a preguntarnos qué tienen en común los homicidios de reporteros y candidatos en momentos en los que el poder enfrenta incertidumbre.

"Nacida de una revolución armada, forjada en los asesinatos y sostenida por medio de masacres, la política en el México moderno siempre ha estado entretejida con la amenaza o la realidad de la violencia", escribe el historiador Michael Lettieri sobre la violencia electoral.[176] Es verdad que la violencia relacionada con periodos electorales no es algo reciente. Históricamente la violencia, el papel de la prensa y las elecciones en México han ido de la mano desde que se celebran comicios en el país. En el libro *Cuando las armas hablan, los impresos luchan, la exclusión agrede* se dan cuenta de las estrechas relaciones entre la violencia real, los ataques en la prensa y las elecciones. Las coordinadoras del libro apuntan que la violencia sirvió, en el siglo XIX y a principios del XX, como un recurso "para conquistar posiciones políticas; para colocar en lugar destacado a sus partidos frente al Estado, en sus diversos niveles, y defender o desafiar el poder de ese Estado. Y en ese sentido, para "ganar" la elección. Para ello la descalificación del contrincante, la obstaculización de sus campañas, el atemorizar al electorado, la cancelación de la jornada electoral, el acallamiento del opositor o hasta su eliminación física [...]". [177]

Como hemos visto en los casos de Condés Jaramillo y Valdez Cárdenas, la violencia contra periodistas locales no está necesariamente relacionada con la información sino con su participación comunitaria y con alzar la voz para cuestionar a los poderosos. No es que se censure o asesine a periodistas que tienen una pieza clave de información, sino que la violencia funciona "como un recurso político, y su uso contra líderes comunitarios y quienes abogan por la transparencia", como apunta Lettieri. La violencia está dirigida contra quienes pueden influir en la opinión pública, que le dará o quitará apoyo popular a quienes luchan por el poder.

Incluso en el libro *Votos, drogas y violencia*, los autores sugieren que los momentos de transición democrática generan una división en el poder, lo que ocasiona un aumento en la violencia de los cárteles y en los procesos electorales a nivel local. Esa inestabilidad: el vacío de poder temporal mientras se define quién lo ocupará, genera incertidumbre. Las personas que contienden por el poder tratan de minimizar esa incertidumbre. En ese momento, ya que abre la posibilidad a que pierdan, los periodistas tienen un papel fundamental. Sobre todo, los que son admirados y respetados en sus comunidades y cuya voz importa, ya que ellos pueden influir en la opinión pública y en el apoyo popular que tienen los candidatos u otras personas que buscan ocupar las posiciones de poder. Esta lucha por el poder es algo que se observa en periodos de inestabilidad institucionalizada, como las elecciones, también se puede ver en otros procesos de sucesión que generan inestabilidad, como fue el caso de la sucesión del liderazgo del Cártel de Sinaloa y la batalla entre el Mini Lic y los Chapitos entre 2016 y 2017.

El riesgo no se presenta exclusivamente el día de las votaciones. El peligro está asociado a los momentos de indefinición. Ese periodo de inestabilidad se puede dar antes, por ejemplo, en las primarias, cuando los contendientes al interior de cada partido se están disputando la candidatura. En los momentos donde todavía está indefinido quién ocupará el liderazgo, la reputación de los contendientes y la información que recibe la gente para formarse una opinión sobre las personas contendiendo por el liderazgo, es crucial. En este libro planteo que el poder local al que cuestionan los reporteros independientes y periodistas ciudadanos está atravesando una crisis de inestabilidad, durante la cual cualquier información, opinión, máxime cualquier cuestionamiento, pueden hacer que pierdan su posición. Algunos no estarán dispuestos a dejar pasar eso.

En buena medida, el rol de la información y el periodismo en tiempos de inestabilidad tiene que ver con reputación y ésta se puede forjar o moldear a partir de narrativas, más que con evidencia. Pensemos en los narcocorridos por encargo, por ejemplo, para difundir la idea o la leyenda del liderazgo, aplomo, masculinidad y fuerza de un capo. En procesos electorales, las narrativas también se pueden influenciar o distraer, con el uso de *bots* o *trolls* por ejemplo, como vimos en el caso de Condés Jaramillo. Desde la llegada de las redes sociales, y su uso para diseminar información, es más común que los debates se centren en una narrativa y no en los hechos relevantes. En el corazón de este vacío de contenido está la propagación de la desinformación. Y no es que este fenómeno no existiera antes, basta con referirnos al segúndo capítulo de este libro y recordar el volante que se distribuyó para acusar a Mario Gabino Ugarte de robarse a la virgen de su pueblo para saber que la desinformación y su publicación es un fenómeno viejo. Lo novedoso que aportan las redes sociales es el alcance masivo y la inmediatez de su diseminación. Ya no se necesita escribir, imprimir y fotocopiar un volante para llevarlo físicamente a un lugar y compartirlo. Basta con publicar un texto o una foto en redes y tener la astucia mínima para que éste agarre tracción entre un público morboso. Es mucho más fácil y menos costoso propagar información falsa de lo que es publicar periodismo corroborado, verificado y basado en pruebas o evidencia. Por eso puede resultar muy frustrante.

En ese sentido, cuando un periodista local o ciudadano tiene suficiente presencia y credibilidad, puede resultar riesgoso y problemático para quienes buscan el poder. Estas figuras se convierten en obstáculos para la narrativa que los poderosos quieren instaurar, ya sea a través del dominio de los canales de información, de la compra de corridos, o de la propagación de desinformación, que promueve "historias falsas que no buscan necesariamente explicar todo sobre el mundo, sino que pueden ser utilizadas como armas para desvirtuar las instituciones democráticas, los medios y a los políticos", como explica la periodista Anne Applebaum, experta en regímenes autoritarios, respecto a las teorías de la conspiración y su uso político por movimientos totalitarios.[178]

México no es el único lugar donde la prensa local busca combatir las narrativas predominantes. En octubre de 2022, la revista estadounidense *Wired* publicó el perfil de Tara McGowan,[179] una operadora política demócrata, frustrada con el poder que tiene la desinformación y su efecto en las elecciones de Estados Unidos erigiendo políticos de ultra derecha. Para combatir la desinformación, McGowan fundó una compañía que ha comprado decenas de periódicos locales a lo largo y ancho de Estados Unidos. La idea detrás de su compañía es financiar el periodismo local, y comprar anuncios en Facebook y otras redes sociales, para garantizar un mayor alcance de las noticias verificadas y corroboradas como antídoto a la proliferación de noticias falsas que abundan en redes sociales. Lo que busca a través de esta estrategia, es lo mismo que, propongo, hacen los periodistas locales mexicanos: promover la participación social. McGowan cree que al acercar las noticias sobre temas locales a los pobladores, éstas los va a hacer participar en las votaciones de manera más activa. Un ejemplo del mismo mecanismo es ilustrado en el siguiente capítulo.

Notas

[175] Red #RompeElMiedo. 2021. «ELECCIONES 2021: UN VOTO A LA CENSURA».

[176] Lettieri, Michael y Cecilia Farfán-Méndez. 2021. «Democracia entre balas». Mexico Violence Resource Project. https://lasillarotarm.blob.core.windows.net/docs/2021/05/26/democraciaentrebalaspdf.pdf.

[177] Gantús, Fausta y Salmerón, Alicia. 2016. «CUANDO LAS ARMAS HABLAN, LOS IMPRESOS LUCHAN, LA EXCLUSIÓN AGREDE...». En INTRODUCCIÓN: LA VIOLENCIA COMO PARTE DEL JUEGO POLÍTICO-ELECTORAL, 1.a ed., 21. Ciudad de México: Historia política. https://atarrayahistoria.files.wordpress.com/2019/10/gantus-y-salmeron-cuando-las-armas-hablan.pdf.

[178] Fisher, Anthony. 2020. «"Twilight of Democracy" Author Anne Applebaum on the Rise of Authoritarianism, the Dangerous Power of Conspiracy Theories, and Why She Signed the "Harper's Letter"». Business Insider. 23 de agosto de 2020. https://www.businessinsider.com/anne-applebaum-twilight-of-democracy-harpers-letter-authoritarianism-poland-hungary-2020-8.

[179] Scola, Nancy. 2022. «The Election-Swinging, Facebook-Fueled, Get-Out-the-Vote Machine». *Wired*. 6 de octubre de 2022. https://www.wired.com/story/the-election-swinging-facebook-fueled-get-out-the-vote-machine/.

EL DEFENSOR

La delgada línea entre informar y convocar

A la comunidad, lo que tratan de hacer, es desmoralizarla. Es decir: "mira, ¿para qué te opones?, ya están construyendo, ¿para qué te opones?, si es el gobierno, tiene fuerza pública, tiene poder". Nosotros decimos: "pues tiene poder, tiene dinero y tiene fuerza pública, pero no tiene la organización de los pueblos, la fortaleza que nosotros tenemos".

Samir Flores Soberanes

Lo que pasó con Samir no sólo fue porque era locutor de la radio comunitaria. Era un comunicador comunitario y también era un líder de la comunidad.[180]

Samantha César

Samir Flores Soberanes
fue un hombre con mucho honor
nunca le temió al gobierno
por eso los enfrentó.

María Antonieta Ruíz Zurita

Eran pasadas las 5:00 horas del 20 de febrero de 2019 cuando un par de coches se detuvieron frente a una casa en Amilcingo, en Temoac, Morelos. Hombres vestidos de negro y con cachuchas en la cabeza salieron de los autos y tocaron el timbre de la casa donde vivía el fundador de Radio Amiltzinko con sus padres. La madre abrió la puerta, los hombres le dijeron que buscaban a su hijo, Samir Flores Soberanes, porque necesitaban transmitir un mensaje en la radio, según reconstruiría una investigación de la periodista Estrella

Pedroza.[181] La madre del comunicador, consciente del peso que tenía la radio para la comunidad, no dudó, corrió a buscar a su hijo. Momentos después, cuando Flores Soberanes estaba afuera sonaron cuatro detonaciones. Sus padres encontraron al activista de 36 años tirado en el piso con dos balazos en la cabeza. A pesar de que lo transportaron todavía con vida al hospital más cercano (que está a 30 minutos en auto), en Jonacatepec, Flores Soberanes murió a causa de las heridas.[182]

La muerte del comunicador social no se puede entender sin explicar el Proyecto Integral Morelos (PIM), una propuesta de infraestructura pública a nivel federal que buscaba posicionar a México en el mercado energético global, iniciado en 2011 durante el sexenio de Felipe Calderón Hinojosa y continuado durante el sexenio de Enrique Peña Nieto a partir de 2012.[183] La idea que daría vida al PIM se puede ubicar en el año 2008, de acuerdo a la investigadora Liliana González Chévez, quien reconstruyó los hechos, incluyendo discursos del entonces presidente de la república y el gobernador de Morelos, expresando su interés por llevar gas natural al estado, sin embargo, como señala González Chévez, pasaron dos años sin ningún avance significativo en el tema, hasta 2010 cuando "se declara al estado de Morelos como "Zona Geográfica de Distribución de Gas Natural", paso que aceleró de manera inusual todo el proceso que parecía haber estado anquilosado, "se desencadenó en tan sólo cinco meses todo el proceso legal necesario para imponer el PIM".[184] Para noviembre de 2011, no sólo se tramitaron los permisos necesarios y acelerado la publicación de una Manifestación de Impacto Ambiental (MIA) sin informar a la población local, sino que incluso se licitó la obra y se firmó el contrato entre la Comisión Federal de Electricidad (CFE) y las empresas españolas Abengoa y Elecnor.[185]

El *fast track* con el que avanzaba el PIM entre 2010 y 2013 era inusual, especialmente considerando la complejidad y dimensiones del proyecto que incluía tres mega estructuras: un acueducto, un gasoducto y una termoeléctrica en Puebla, Tlaxcala y Morelos.[186] De manera más detallada, el PIM tendría una Central Termoeléctrica de Ciclo Combinado (CTCC) en Huexca, Morelos, "para abastecer a los parques industriales y minas a cielo abierto",[187] un gasoducto que venía de Tlaxcala para alimentar a la CTCC, y un acueducto que llevaría agua de Cuautla a la CTCC para enfriar las tuberías.

Para finales de 2013, aunque se prometió que el gasoducto estaría operando para esas fechas, la obra estaba detenida, en gran medida porque nunca se tramitaron los derechos de vía necesarios para el paso de las tuberías con los ejidatarios que vivían en las tierras por las que tendrían que construir. Con el tiempo, los ejidatarios se organizarían para interponer amparos, protestar y resistir a un megaproyecto que los despojaba del agua en sus comunidades y para el cual no habían sido considerados ni consultados. Ahí es donde entra Samir Flores Soberanes.

***

"Hola, muy buenas tardes. Buenas tardes, ¿cómo está toda la gente que nos escucha a través de la frecuencia 100.7 FM? Les saludamos desde la comunidad de Amilcingo, lugar donde se encuentra este espacio", así empezaba Flores Soberanes su programa informativo en la radio comunitaria Amiltzinko a las 15:00 horas todos los días, "nos vamos con la información más relevante en el contexto comunitario. Les tenemos que informar en relación con lo que está pasando con el ejido, principalmente lo que tiene que ver con obras que nos están imponiendo…". [188]

La transmisión de información relacionada al PIM empezó en 2013, primero con una bocina y un megáfono que, con el tiempo, se llegarían a convertir en una radio comunitaria. Este espacio llegó a subsanar una necesidad que tenía la comunidad: cuando inició la construcción del PIM, la población local no tenía información clara, no se les informó desde la administración pública sobre el megaproyecto. Los pobladores no sabían que se estaba construyendo un gasoducto en su pueblo. "Yo me enteré como en 2011, por ahí debe haber sido como por marzo 2011", recordaría Flores Soberanes en una entrevista realizada por el Colectivo Comunicadores de la Frontera Sur años después.[189] En 2011, coincidió con agricultores de Morelos y Puebla en una reunión y le comentó al comunicador que se estaba hablando de construir un gasoducto en la zona. Pronto, Flores Soberanes se percató que no era un plan a futuro, ya se estaban aplanando hectáreas de tierra y la construcción estaba por comenzar: "En algunos domicilios que llegaba, veía que por ahí estaban algunas camionetas sin razón social, personas con folders. Y decía: pues ya están aquí, ya están trabajando, ya el rumor ya no es rumor, ya están trabajando; ya están en mi pueblo. Pero entonces volvíamos con la autoridad y le decíamos: ¿qué sabes?" Los funcionarios, según explicó, siempre le decían que ellos no sabían nada.

Ante la falta de respuestas oficiales y transparencia, Flores Soberanes empezó a averiguar por su cuenta y a contarle a su comunidad lo que estaba pasando. La gente quería saber más. A muchos les dijeron que era una planta para tratar aguas residuales, otros creían que era una subestación de otra planta, pero nadie sabía qué parte elemental de un megaproyecto energético estaba erigiéndose ahí. En el corazón del problema que identificaba Flores Soberanes estaba el agua. Para que la termoeléctrica funcionara, necesitaba un flujo de cierta cantidad de agua para enfriar las tuberías, pero sólo había dos fuentes de agua disponible: una era el agua residual de una planta tratadora, pero no era suficiente, y la otra era el agua del río Cuautla, que en 1926 se había otorgado a 32 ejidos y que en 1995 se unieron en una asociación civil que, desde entonces, tiene la concesión del uso del agua. "Al no contar el PIM con derechos de agua para la operación de la termoeléctrica, su acueducto conlleva implícitamente la apropiación gubernamental a través de la CFE, de un bien común otorgado en concesión por la CONAGUA a la comunidad agraria de esta región", escribe González Chévez.[190]

Ante la inminente construcción del megaproyecto y la falta de articulación social, Flores Soberanes organizó a la gente de Amilcingo para plantarse en protesta frente a la obra y detener la construcción. "Mañana tratamos de que alguien se digne a platicar con nosotros", les dijo. Como respuesta, los responsables de la obra "llevaban expedientes, supuestamente, que nos negaron. Decían: ahí están, revísenlos, tienen media hora. Y se retiraron. Nunca hubo un diálogo pleno. Nunca hubo información". El plantón duró más de seis meses, después las compañías trasnacionales argumentaron que seis personas de Huexca les ocasionaron una pérdida monetaria de 50 millones de dólares. Entre las personas señaladas por las compañías estaba Flores Soberanes. Para intimidar a los activistas, las empresas los demandaron, exigiendo un pago por la cantidad de pérdidas monetarias. "Nos preocupamos nosotros, aquí, cuando debemos mil, dos mil pesos, tres mil, pero ¿50 millones de dólares? pues que le pongan otros 50, de todas maneras, no los vamos a pagar", recordaría indignado el comunicador social.[191]

Las tensiones entre los interesados en terminar el PIM y la comunidad de Amilcingo continuaban. El gobierno empezaba a convencer a la gente de desistir en la protesta por medio de pagos: mandaban ganado, mercancía, alimentos. En respuesta, Flores Soberanes ideó una manera de mantener a la gente informada e involucrarla más: "cada ocho, cada 15 días, en las bocinas nos la pasábamos informando, así como un informe de la semana", explicó en una entrevista donde narró los inicios de la radio comunitaria. Empezó con una bocina dando información relevante para que los vecinos se enteraran de lo que estaba pasando. Después, con otros miembros de la comunidad, empezaron a pintar bardas con esténciles informativos. Con el tiempo consiguieron dos bocinas más y luego una antena. "A manera de relajo, decíamos: la Radio Bocina. Esto vino a fortalecer la lucha. Ya teníamos un espacio de difusión más grande, e indudablemente la radio vino a fortalecer. Como personas oriundas o lugareños arraigadas al campo, no estamos dispuestas a renunciar a nuestros derechos". [192] Así, el 10 de enero de 2014, nació Radio Amiltzinko en un cuarto construido con ladrillos grises, "pero tan cálido por quienes lo trabajan, abundan colguijes, carteles, pinturas, cuadros, artesanías y fotografías de movimientos sociales; [...] y cerca de la puerta que lleva a un pasillito en el segundo piso, está colgada una pieza de cerámica, el componente más simbólico del espacio, tiene marcadas con azul rey las siguientes palabras: «Radio Comunitaria Amilcingo 100.7 / Ponte al 100-7»-".[193]

***

Conforme pasó el tiempo, la resistencia del activista contra el PIM se mantuvo y se intensificó. "Llegamos a la conclusión de que este megaproyecto no es incluyente; es excluyente. Nos está excluyendo a nosotros. Prácticamente quieren utilizar nuestros recursos, nuestras tierras, el paso por nuestros ejidos para lograr ese desarrollo industrial, porque cabe mencionar que la termoeléctrica y el gasoducto son para detonar el desarrollo industrial en el estado de Morelos", diría Flores Soberanes en una entrevista con *La Jornada Oriente* en junio de 2014, "a veces dicen: ¡ah!, es que son los revoltosos, es que no tienen trabajo, es que les están pagando. Sin embargo, hasta que nos pasa es cuando nos activamos, tomamos un poquito de consciencia, defendemos nuestro territorio, defendemos nuestra casa, defendemos nuestro maíz. Defendemos nuestra agua, nuestros árboles, nuestros hijos, nuestros nietos; e invitarlos a que hagan lo mismo", añadió. [194] Su compromiso con informar nunca estuvo desvinculado de la invitación y convocatoria a la participación. Como parte de las reacciones, además de la demanda por 50 millones de dólares, Flores Soberanes relataría que tenía policías judiciales de la extinta Procuraduría General de la República siguiéndolo y amedrentándolo, que él y los miembros del Frente de Pueblos en Defensa de la Tierra y el Agua Morelos, Puebla y Tlaxcala (FPDTA-MPT) recibieron amenazas desde 2012, incluso algunos de ellos fueron agredidos físicamente.

Para 2018, con la llegada del tercer sexenio al que atravesaba el PIM, la obra en la región de Huexca seguía atorada. En 2019, el presidente López Obrador anunció que lanzaría una consulta pública el 23 y 24 de febrero para conocer la opinión de la población respecto a este megaproyecto. También, 10 días antes del homicidio de Flores Soberanes, el 10 de febrero de 2019, el presidente criticó al movimiento de oposición al PIM: "Escuchen, radicales de izquierda, que para mí no son más que conservadores; escuchen, si no se utiliza la termoeléctrica de la CFE, de una empresa de la nación, en vez de tener la luz para alumbrar todo Morelos, tendríamos que seguirle comprando la luz a las empresas extranjeras", dijo AMLO en un evento público. [195]

Al día siguiente, Flores Soberanes y otros miembros del FPDTA-MPT publicaron una carta dirigida al presidente. Le decían que, declaraciones como la que hizo podían aumentar la violencia en la zona contra ellos, "lo invitamos a que reconsiderara su posición y se sentara a dialogar con nosotros, que conociera de primera mano el clima de hostilidad y violencia que ha generado el PIM", explicó Erik Coyotl tras la muerte de su amigo. [196]

El 19 de febrero de 2019, se organizó un foro en Jonacatepec para promover la participación en la consulta impulsada por el presidente López Obrador. Hugo Eric Flores Cervantes, delegado federal de Bienestar Social en el estado, dirigió el foro. Ahí, a escasos días de la consulta y con la comunidad congregada, Flores Soberanes se paró al fondo del lugar del evento, de frente al delegado y detrás de las sillas plegables. Empezó a hacer lo mismo que había hecho por años: se opuso al PIM. Con la diferencia que ese día lo hizo con la audiencia convocada por el gobierno y en el evento que intentaba invitar a la población a participar en una consulta a modo que serviría para justificar el proyecto. Vestía pantalones de mezclilla y una playera negra con el logo de Radio Amilzinko cuando, con micrófono en mano y la bocina a sus pies, dijo lo siguiente:

> Yo sólo les digo, que hasta donde yo sé, y espero que me desmientan si estoy en lo irracional o estoy errado: está Abengoa, que Abengoa es una empresa de la familia real de España; Enagas, española, y Bonati, italiana. Entonces… Desde mi punto de vista y sin otra situación más que dar mi punto de vista, de acuerdo a la historia que a nosotros nos han dado a conocer en los libros de texto gratuito, que en la invasión de España hace más de 500 años pues vino el saqueo. Hoy, conociendo la historia, nuevamente me lleva a esos escenarios. A esas páginas de la historia. Los españoles, la familia real española nuevamente, queriéndose hacer rico con este megaproyecto. Que, bueno… hasta donde yo siempre he tenido en cuenta, las empresas, por lo regular, siempre piensan en su capital, en su dinero. Después están las comunidades. No sé si éste sea un proyecto donde estén pensando en nosotros, estén pensando en mis hijos, estén pensando en mis nietos, estén pensando en la educación, o estén pensando en el aire… [197]

"También dijo que el PIM es inconstitucional y advirtió que podría tener efectos en la salud y traer varios peligros, ya que las obras se encuentran al pie del volcán Popocatépetl", según comunicó el medio Pie de Página sobre el eveneto.[198] Al finalizar el foro, dos asistentes del delegado Flores Cervantes se acercaron al activista y le pidieron sus datos.

***

A la mañaa siguiente llegaron los autos con los asesinos a la casa de Flores Soberanes. Después de disparale, los asesinos dejaron una nota en una cartulina azul junto al comunicador herido con el siguiente mensaje: "X puto chismoso. Denunciaste a Abraham Ocampo y sigues tu Michoacano con tu pendeja banda. Att. Comando Tlahuica. (sic)".

La nota es poco clara. La firma el Comando Tlahuica, que es un grupo de delincuencia organizada en la región, y hace referencia a Ocampo, un hombre encarcelado por el delito de secuestro.[199] Ese mismo día, horas después del homicidio, en entrevista con Ciro Gómez Leyva, el fiscal del estado de Morelos, Uriel Carmona, sentenció que el caso estaba relacionado con la delincuencia organizada "por la forma y por un mensaje que se encontró". Además, añadió, "no tenemos ningún elemento que lo relacione con la consulta de la termoeléctrica".[200] El FPDTA y la familia de Flores Soberanes negaron rotundamente esta versión.

"Entre las hipótesis que se barajean sobre la causa de este vil asesinato, una es más coyuntural, y refiere a su intervención en un foro público un día antes de su asesinato", explica en su libro González Chévez, "donde Samir cuestionó al Delegado de Bienestar Social en Morelos, Hugo Eric Flores, sobre las supuestas virtudes del PIM, subrayando en cambio, sus impactos socioambientales".[201]

Tres años más tarde, el diario local *El Sol de Cuernavaca* publicó una foto comprometedora. En ella, aparecía el gobernador de Morelos y exfutbolista, Cuauhtémoc Blanco, abrazando a Irving Eduardo Solano y Raymundo Isidro Castro, líderes regionales del Cartel Jalisco Nueva Generación (CJNG), también a Horacio Figueroa, "supuesto líder de un grupo criminal regional, Comando Tlahuica", de acuerdo con una investigación del periodista Pablo Ferri.[202] Según información de Ferri, la foto fue tomada entre finales de enero y principios de febrero de 2019, días antes del homicidio de Flores Soberanes. "Poco después, apareció una narcomanta dirigida a Cuauhtémoc Blanco y a Hugo Erik Flores Cervantes (sic)", como apuntó la antropóloga Camila Plá Osorio.[203]

***

Además de ser el fundador de Radio Amiltzinko, Flores Soberanes era esposo de una activista de la zona y padre de cuatro niños, miembro del Comité de Padres de Familia de la escuela del centro de Amilcingo y del Frente de Pueblos en Defensa de la Tierra y el Agua Morelos, Puebla y Tlaxcala (FPDTA-MPT), era delegado del Congreso Nacional Indígena (CNI), cuerpo de organización y toma de decisiones de los pueblos indígenas a nivel nacional. En Radio Amiltzinko, además de su programa noticioso, tenía el programa *Amanecer ranchero*, "donde recibía mensajes para enamorados, ponía las mañanitas y recordaba los eventos comunitarios".[204]

Cuando se habla de periodistas asesinados en México, rara vez se toma en cuenta el rol que estas personas tenían en sus comunidades más allá del de ser proveedores de información. Como fue el caso de los protagonistas de capítulos anteriores, el papel de Flores Soberanes en su comunidad era múltiple. La comunicadora comunitaria poblana Zahira Aldana Ramírez recuerda a Flores Soberanes así:

> Samir era muy querido por la gente. Mis compañeros y compañeras de la radio eran sus amigos [...]. El día de su velorio fuimos a su casa a despedirlo y estuvimos hasta la madrugada. Fueron muchas personas de radios comunitarias y colectivos independientes. La casa estaba llena de flores. Había muchísima gente. Después fuimos a pintar un mural de su cara cerca de donde estaba su radio. Todos conocíamos a Samir...[205]

El comunicador era un líder en su comunidad de Amilcingo, pero también en la región central del país en los estados de Morelos, Puebla, Tlaxcala y, a través del CNI, a nivel nacional. En 2014 empezó a trabajar con Witness, una organización neoyorquina que lo capacitó en el uso de medios independientes para la defensa del territorio y medio ambiente.[206] Si ni siquiera Flores Soberanes, un activista con presencia internacional y líder indígena social con alcance en todo el territorio nacional, pudo cuestionar al poder sin correr riesgo, ¿entonces quién?

Después del asesinato, la compositora María Antonieta Ruíz Zurita le compuso el siguiente corrido al comunicador social y activista:[207]

Los pueblos están de luto
porque falta un compañero
vilmente lo asesinaron
porque le tuvieron miedo.

Samir Flores Soberanes
fue un hombre con
mucho honor
nunca le temió al gobierno
por eso los enfrentó.

Con verdades y argumentos
a los pueblos defendió
el gobierno no los tiene
por eso se encabronó.

El martes por la mañana
estaba en Jona, Morelos,
se reunió con unos vatos
allegados al gobierno.

Miércoles 20 de febrero
a su casa lo siguieron
lo sacaron con engaños
y dos balazos le dieron.

Que poca manera tienen
de dialogar con los pueblos
no quieran vernos la cara
y no quieran envolvernos.

Samir ya está descansando
ya lo fuimos a enterrar
Samir se fue para el cielo
lleva en su palma la mano.

Mientras que los asesinos
ya tienen su reservado
su alma perversa y maldita
se la entregaron al diablo.

Samir se fue para el cielo
el gobierno lo mató
le dolieron las verdades
fue un activista chingón.

Ya me voy, ya me despido
de mi familia y mis compas
de mis padres y mis hijos
mis hermanos y mi esposa.

No se confíen del gobierno
se parece al escorpión
primero te da confianza
y te clava el aguijón.

A todos mis compañeros
ahí les dejo esta consigna
que levanten la cabeza
nuca doblen la rodilla.

No le teman al gobierno
que con garras y con dientes
hay que defender
los pueblos

Un día después del homicidio, al canto de "¡Samir vive vive vive; la lucha sigue sigue sigue!" y "se ve, se siente, Samir está presente", comuneros de Amilcingo instalaron un busto de Flores Soberanes en el Zócalo de la Ciudad de México. "Amilcingo no se vende, Amilcingo no se da, porque tiene campesinos con mucha dignidad", cantaba el grupo de activistas.[208] Meses después, la poetisa Lu Shaffer escribió y dedicó un poema a Samir, que lleva su nombre como título.[209]

***

Partiendo de la información que existe sobre el caso, y a pesar de la falta de justicia e investigación por parte de la fiscalía estatal, propongo que la amenaza que representaba Flores Soberanes era una de convocatoria social. Como líder, utilizaba la comunicación para informar e invitar a su comunidad a la participación y al cuestionamiento del PIM, un megaproyecto en su región que los afectaba directamente, a pesar de que resignarse hubiera sido más fácil.

Si el caso efectivamente está relacionado con el evento del delegado federal la tarde previa al homicidio, se sostiene la teoría de que los homicidas no intentaron censurar la publicación de una investigación inédita que hubiera realizado el comunicador, sino que la intención fue silenciar a la voz que cuestionaba el plan oficial desde una posición en la que otros podían seguirlo. De la Radio Bocina, con sus primeros esfuerzos por informar a una población que ignoraba la construcción del PIM en 2013, al evento donde Flores Soberanes cuestionó al delegado en público en 2019, pasaron seis años; la información de potencial daño ambiental del PIM ya no era novedad.

Propongo que el móvil detrás de este homicidio fue dominarlo, domarlo, someterlo a él y a la comunidad, no tanto la censura informativa. Este caso parece quizá más claro que el de otros periodistas asesinados, ya que Flores Soberanes era abiertamente activista y defensor del territorio, sin embargo, la función que tenía a nivel comunitario es muy similar a la que ejercen otros reporteros locales y periodistas ciudadanos, quienes transmiten información a través de medios alternativos para cuestionar al poder tomando postura y, con ello, invitan a indignarse y defenderse.

Un cartel convocando a las jornadas de defensa del territorio, con la imagen de Samir Flores Soberanes, pegado en Tepoztlán, Morelos. Foto de mayo de 2021.

***

Las radios comunitarias tienen características propias y diferentes a las de un semanario como *Ríodoce* o publicaciones a través de redes sociales, como El Observatorio del Sur. Este medio de comunicación empezó en la década de los cuarentas y surgió en comunidades alejadas del discurso mediático tradicional, como la televisión nacional, radios del Estado o periódicos noticiosos, empezó en comunidades rurales. Se les llama comunitarias porque son administradas por y para la comunidad en la que se encuentran. Sirven como un medio informativo, también como un lugar de reunión. Muchas veces, las radios comunitarias organizan donaciones o se convierten en centros de acopio cuando hay personas afectadas por huracanes o terremotos. Es común que estas radios trasmitan en idiomas distintos al español, dependiendo del idioma que hable la comunidad donde se ubican. En contraste con las radios comerciales que buscan ganancias económicas de publicidad u otros ingresos, "la radio comunitaria suele ser una estación de radio de corto alcance sin fines de lucro que responde a las necesidades de información de las personas que viven en un lugar determinado, en los idiomas y formatos que se adaptan mejor al contexto local".[210] Por sus características de transmisión en el espectro radioeléctrico, es raro que quede un registro grabado de sus transmisiones. La radio comunitaria tiene un carácter efímero.

A pesar de sus particularidades, también tiene características en común con proyectos de periodismo alternativo. "La radio comunitaria es un proyecto político, en el sentido de que asume compromisos y toma posición respecto a la problemática concreta en que vive y se ubica en el contexto social en donde se desarrolla", escriben Aleida Calleja y Beatriz Solís en su libro *Con permiso. La radio comunitaria en México*. Es un espacio que, al ser horizontal, promueve la participación social. También es un medio para informar y organizar a la comunidad ante eventos, como la pandemia del coronavirus, durante la cual muchas radios en México, como Radio Chalollan, en Puebla, mantuvieron a la comunidad unida a través de clases por la radio, incluso misas o celebraciones espirituales;[211] en otros momentos de crisis, como la violencia generada por los talamontes en Cherán, Michoacán, la radio comunitaria Radio Fogata sirvió para organizarse en estrategias que le permitieron a la comunidad resistir a los saqueos e invasión de grupos delincuenciales.[212] A diferencia de otros medios, es común que la radio comunitaria informe y congregue a poblaciones analfabetas, sin embargo, las radios comunitarias, al ser otro tipo de medio de comunicación, también tienen sus propios retos. Durante muchos años fue prácticamente imposible obtener una concesión del Estado para acceder al espectro radiofónico y transmitir de manera legal. Se les pedían requisitos imposibles de conseguir y se les excluía así de la posibilidad de difundir información y cohesionar a sus comunidades. Con la reforma constitucional en telecomunicaciones de 2013, y las leyes secundarias de 2014, este panorama cambió enormemente, haciendo un poco más fácil que las comunidades buscaran sus concesiones. Aun así, hay muchas radios que no ven los beneficios de pasar por todo el calvario burocrático para obtener una concesión gubernamental para operar.

Los obstáculos legales no son la única violencia que enfrentan las radios comunitarias. Además de los múltiples allanamientos, amenazas y hostigamiento que viven múltiples miembros de radios comunitarias en el país, muchos otros son asesinados. El 19 de enero de 2019, el fundador de Radio Kashana, Rafael Murúa Manríquez, fue asesinado en Mulegé, Baja California Sur.[213] Meses después, Telésforo Santiago Enríquez, fundador de Estéreo Cafetal murió en San Agustín Loxicha, Oaxaca, después de que le dispararan el 2 de mayo de 2019.[214] Y aunque no participaba en una radio comunitaria, Abisaí Pérez Romero publicaba un Atlas de Justicia Ambiental a través de YouTube para informar sobre los impactos medioambientales de un megaproyecto hidráulico en Tula, Hidalgo, lo desaparecieron el 12 de febrero de 2023 y su cuerpo fue encontrado al día siguiente.[215]

Con el creciente acceso a internet en todo el país, muchas radios han empezado a transmitir sus programas a través de redes sociales, sobre todo por medio de videos en vivo de Facebook. En ese sentido, las radios comunitarias llevan décadas haciendo lo que ahora hacen reporteros locales en sus medios independientes y periodistas ciudadanos a través de redes sociales. "Una radio comunitaria no se alía con un poder local autoritario, lo cuestiona y hace pública su forma de gobierno, es decir, ubica en la esfera de lo público lo que circula como secreto a voces [...]", escriben Calleja y Solís.

***

Cuando María Teresa Bautista Merino, de 24 años, y Felícitas Martínez Sánchez, de 20 años, se subieron al Tsuru de un funcionario público del registro civil de Juxtlahuaca, Oaxaca, el lunes 7 de abril de 2008, ninguna sabía que ése sería el último viaje de sus vidas. Las jóvenes trabajaban como locutoras de la radio comunitaria "La voz que rompe el silencio" del Municipio Autónomo de San Juan Copala. Iban en el Tsuru para asistir a una fiesta patronal en Putla de Guerrero, donde jugarían basquetbol y después armarían mesas de diálogo entre los habitantes.[216] Durante el diálogo pensaban tomar nota de las opiniones y posturas que se vertieran entre la gente, para retomar y relatar todo en su programa de radio cuando volvieran a San Juan Copala. Pero las jóvenes nunca llegaron a su destino.

Antes de llegar a Putla de Guerrero, por la sinuosa carretera de la cordillera mixteca, un grupo de hombres armados emboscó al Tsuru en el que viajaban. Las otras cinco personas que viajaban en el coche, el conductor, su esposa y los hijos de la pareja, salieron ilesos del ataque, mientras que las dos jóvenes radialistas recibieron más de 20 impactos de bala de cuerno de chivo.

Tres meses antes de morir, las jóvenes triqui habían empezado a transmitir contenido diario durante cinco horas en la mañana a través de la radio comunitaria. Además de música y datos sobre la cultura triqui, las jóvenes transmitían programas "sobre temas como los derechos de las mujeres y de los niños, los derechos de los pueblos indígenas, la lucha zapatista, y los proyectos del municipio", detalló la periodista zapoteca Diana Manzo años más tarde en su investigación del doble homicidio.[217]

La radio era uno de los pilares del movimiento político que, en enero de 2007, decidió declarar como autónomo al municipio de San Juan Copala. Ese movimiento, el que creó el municipio autónomo, surgió en oposición a otro movimiento social de la región: el Movimiento de Unificación y Lucha Triqui (MULT), nacido de una agrupación de indígenas triquis organizados para hacerle frente a la explotación de los caciques cafetaleros de Oaxaca. Con el paso del tiempo, el MULT pasó a convertirse en un movimiento político de izquierda y terminó volviéndose un grupo armado de autodefensa con enorme apoyo popular.[218]

En la década de los noventa, el gobierno de Oaxaca creó una estrategia para desarticularlos. La amenaza de otro levantamiento como el del Ejército Zapatista de Liberación Nacional (EZLN) en Chiapas era una preocupación para el gobierno a nivel federal. El gobierno de Oaxaca entonces creó la Unidad de Bienestar Social de la Región Triqui (Ubisort), una organización que recibía dinero y recursos del gobierno que tenía como encargo quitarle el apoyo popular al MULT a través de despensas, tortillerías, tractores, etc., como explicó el abogado David Peña Rodríguez en la segunda temporada de Voces Silenciadas. Cuando el tiempo pasaba y el Ubisort no lograba quitarle el apoyo popular al MULT, los liderazgos del MULT empezaron a negociar con el gobierno, solicitado dinero directamente a cambio de mantener a su gente bajo control. Esto llevó a que el MULT y el Ubisort iniciaran una batalla, a menudo armada, compitiendo por recursos del gobierno, el grupo que controlara más comunidades en la región recibía más dinero.

Para el 2003, el MULT ideó un plan para controlar un mayor porcentaje de la población y así recibir más recursos: formar un partido político. Se llamó Partido de Unión Popular (PUP) y funcionó. Pero molestó terriblemente a una sección del MULT, quienes se sintieron traicionados por la creación del PUP porque se entendían como una manera de resistir al Estado. La creación del PUP, para participar en el mismo sistema que los había oprimido por años, parecía una afrenta. Inconformes con la creación del partido, un grupo del MULT se escindió, formando el Movimiento de Unificación y Lucha Triqui Independiente (MULTI). Este segundo grupo, el MULTI, declararía a San Juan Copala como municipio autónomo el 1 de enero de 2007, buscando un modelo de autogestión y autogobierno como lo hicieran antes los municipios EZLN en Chiapas.[219]

El Municipio Autónomo San Juan Copala era un movimiento político con una visión de resistencia y "La voz que rompe el silencio" se creó como un brazo de comunicación del proyecto. La radio empezó a transmitir en enero de 2008, como una manera de conmemorar el primer aniversario de autonomía. Además de hablar sobre los derechos de las mujeres y los niños, María Teresa y Felícitas proponían mesas de diálogo para detonar conversaciones entre las distintas perspectivas de la región a fin de detonar procesos de paz. El conflicto social y la violencia en la región triqui de Oaxaca, como detalla la antropóloga Natalia de Marinis en su libro *Desplazadas por la guerra: Estado, género y violencia en la región triqui*, ha existido por lo menos desde 1940, cuando los comerciantes cafetaleros llegaron a la región a cometer abusos contra los pobladores.

A las pocas semanas de iniciar transmisiones en 2008, las radialistas recibieron las primeras amenazas. Según la investigación de la periodista Diana Manzo, así como el testimonio de Jorge Albino Ortiz, antiguo vocero del municipio autónomo, a las jóvenes les hablaban para decirles que les quemarían la radio.[220] También las señalaban por ser mujeres y jóvenes, descalificando sus opiniones y los temas que buscaban tratar en sus programas.[221]

La radio duró apenas tres meses al aire, el 7 de abril de 2008 fue la emboscada del Tsuru en el camino regional donde las asesinaron.

Después del doble homicidio, la entonces procuraduría estatal inmediatamente trató el caso como un altercado más entre los grupos de lo que llamaba "una zona conflictiva" de la región triqui de Oaxaca. Las instancias federales hicieron lo mismo. El subprocurador de Derechos Humanos, Atención a Víctimas y Servicios a la Comunidad de la entonces Procuraduría General de la República (PGR), Juan de Dios Castro Lozano, fue notablemente reticente en atraer el caso a la Procuraduría Federal. Según reportó *La Jornada* en su momento, el subprocurador aseguró que "hasta el momento no existen pruebas claras de que Teresa y Felícitas hubieran sido asesinadas en una presunta acción de venganza por su trabajo como comunicadoras, simplemente por el hecho de que no está claro aún si se les puede considerar periodistas".[222] La extinta PGR terminaría atrayendo el homicidio y abriendo la línea de investigación de la labor periodística de las reporteras hasta un mes después del crimen, bajo presión de una misión de organismos internacionales que se reunieron con Castro Lozano y una vez que las radialistas recibieran el Premio Nacional de Periodismo de manera póstuma. A pesar de que la PGR terminaría atrayendo el caso, éste pronto regresó a la Fiscalía Estatal, se clasificó dentro del área de conflictos sociales y, a principios de 2023, seguía sin resolver.

"Por supuesto que está claro quienes fueron", dijo Beatriz "Bety" Cariño, defensora mixteca de derechos humanos (quien sería asesinada un año después de esa entrevista, en 2010) en entrevista sobre el doble homicidio en 2009, "porque algunos que iban en el vehículo con ellas sobrevivieron", explicó, refiriéndose al funcionario del registro civil de Juxtlahuaca quien era miembro del Ubisort.[223] Sobre el trabajo de las radialistas, Cariño ahondó:

> El gobierno nunca ha querido aceptar que Tere y Feli eran periodistas, que eran locutoras, que trabajan para una radio, no. Dijo que eran locutoras piratas, que dónde estaba un papel que decía que fueron a la escuela, cuando, a la mejor, Feli, creo que terminó la secundaria nada más y Tere no creo que

> haya ido. Entonces, pues quiere un título para aceptar que ellas podían hacer periodismo, ¿no? comunitario, por supuesto. Nos parece que es muy claro que el Gobierno no quiere seguir esa línea de investigación. Nosotros insistimos en que la línea de investigación tiene que ser por su trabajo como periodista porque, en realidad, eso estaban haciendo. Al día siguiente, 8 y 9 de abril, teníamos un foro en Oaxaca de los derechos de los pueblos indígenas y nos tocaba a nosotras, las radios de la mixteca triqui, coordinar la parte de la comunicación y ellas estaban bien listas ya para irse. Sólo fueron a sacar una nota a una comunidad.[224]

La fiesta patronal a la que iban a recoger testimonios, el 7 de abril, era un día antes al foro en la ciudad de Oaxaca mencionado por Cariño. La defensora también mencionó que el doble asesinato fue muy doloroso para la comunidad de radialistas comunitarias con quienes María Teresa y Felícitas convivieron durante largas temporadas.

***

El doble homicidio de las comunicadoras presenta otra instancia que nos permite analizar la explicación que propongo. Si bien las jóvenes comunicaban en medio de un entorno de violencia y hostilidad (Natalia de Marinis, quien realizó trabajo de campo en San Juan Copala a inicios de 2008, escribe que había casas con agujeros de balas en el pueblo al año de la declaración de autonomía), las comunicadoras no murieron en una balacea aleatoria ni durante un ataque al pueblo. María Teresa y Felícitas murieron en una emboscada, fuera de San Juan Copala, mientras viajaban en un coche con otras cinco personas. Solamente ellas dos recibieron impactos de bala y fueron las únicas en morir. Resulta inquietante que, de un ataque en el que dispararon más de 20 casquillos de balas calibre 7.62, que usan las armas de asalto AK-47 o cuerno de chivo, los atacantes no le dieran a nadie más. Ese dato sugiere que fueron directamente contra ellas y nadie más. Ese dato, señala dos posibles interesados en matarlas: la organización enemiga, el MULT, como un acto de venganza por ser periodistas de la radio del municipio autónomo, o el Ubisort, también enemigo del MULT, para culpar al MULT del homicidio. Sabemos que fueron amenazadas e increpadas, específicamente, por opinar sobre temas políticos (históricamente dominados por hombres) siendo ellas mujeres y jóvenes. Sabemos también que el funcionario del registro civil que conducía el Tsuru era del Ubisort, que fue el único testigo en compartir su testimonio para la investigación en el que señaló a los lideres del MULT por el homicidio, y que actualmente se encuentra preso por participar en el homicidio de Bety Cariño.[225]

A 15 años del doble homicidio, la comunidad triqui continúa siendo víctima de violencia. En 2009, un año después del homicidio de las comunicadoras, el pueblo de San Miguel Copala fue víctima de desplazamiento forzado, seguido de San Juan Copala en 2011 y, más recientemente, el de Tierra Blanca Copala a finales de 2020.

De los testimonios disponibles en entrevistas e investigaciones periodísticas, parece que el impacto que las jóvenes tuvieron a través de la radio, así como su intención de posicionar procesos de paz y cuestionar la violencia de la zona, dejaron huella. A través de su programa de radio, María Teresa Merino Bautista y Felícitas Martínez Sánchez tomaron una postura de la situación que vivían como miembros del municipio autónomo de San Juan Copala, retando a la narrativa del MULT y el Ubisort, agrupaciones antagónicas y, probablemente, fueron asesinadas por ello.

Samir Flores Soberanes:

- ☑ Periodistas ciudadanos/as o reporteros/as local.
- ☑ Respetado/a por su comunidad.
- ☑ Con la capacidad de promover la participación social.
- ☑ Tomó postura frente a un hecho.
- ☑ Cuestionó al poder (político o criminal) y su narrativa.
- ☑ El poder estaba atravesando un periodo de inestabilidad (el *impasse* de la conclusión del megaproyecto).

María Teresa Merino Bautista y Felícitas Martínez Sánchez:

- ☑ Periodistas ciudadanos/as o reporteros/as locales.
- ☑ Respetado/as por su comunidad.
- ☑ Con la capacidad de promover la participación social.
- ☑ Tomaron postura frente a un hecho.
- ☑ Cuestionaron al poder (político o criminal) y su narrativa.
- ☑ El poder estaba atravesando un periodo de inestabilidad (el municipio autónomo llevaba apenas un año de creación).

Notas

[180] Defensores de la democracia. Marzo 2023. «Voces Silenciadas». Temporada 2.

[181] Pedroza, Estrella. 2022. «Samir Flores Soberanes». s. f. Matar a nadie (blog). Accedido 2 de marzo de 2023. https://mataranadie.com/samir-flores-soberanes/.

[182] Cullell, Jon. 2019. «Asesinan a un activista mexicano en vísperas de la consulta sobre una termoeléctrica». *El País*. 20 de febrero de 2019. https://elpais.com/internacional/2019/02/20/mexico/1550686132_881347.html.

[183] González, Lilián. 2020. «Proyecto Integral Morelos: sus impactos sociales y la demanda de justicia hídrica de los ejidatarios del municipio de Ayala, Morelos». Cuernavaca, Morelos: Universidad Autónoma del Estado de Morelos-Centro de Investigación en Ciencias Sociales y Estudios Regionales. http://riaa.uaem.mx/xmlui/bitstream/handle/20.500.12055/1352/proyecto-integral-morelos-compressed.pdf?sequence=1&isAllowed=y.

[184] Ibidem.

[185] Ibidem.

[186] Luna-Nemecio, Josemanuel. 2021. «El Proyecto Integral Morelos y la devastación del territorio». *Nexos*. 9 de agosto de 2021. https://medioambiente.nexos.com.mx/el-proyecto-integral-morelos-y-la-devastacion-del-territorio/.

[187] Ibidem.

[188] Colectivo Comunicadores de la Frontera Sur. 2019. «Entrevista a Samir Flores, Activista y Comunicador Comunitario, Arteramente Asesinado Hoy 20 de Febrero, 2019». Facebook. 20 de febrero de 2019. https://www.facebook.com/watch/?v=632271823891712&_rdc=1&_rdr.

[189] Ibidem.

[190] González, Lilián. 2020. «Proyecto Integral Morelos: sus impactos sociales y la demanda de justicia hídrica de los ejidatarios del municipio de Ayala, Morelos». Cuernavaca, Morelos: Universidad Autónoma del Estado de Morelos-Centro de Investigación en Ciencias Sociales y Estudios Regionales. http://riaa.uaem.mx/xmlui/

bitstream/handle/20.500.12055/1352/proyecto-integral-morelos-compressed.pdf?sequence=1&isAllowed=y.

[191] Colectivo Comunicadores de la Frontera Sur. 2019. «Entrevista a Samir Flores, Activista y Comunicador Comunitario, Arteramente Asesinado Hoy 20 de Febrero, 2019». Facebook (video). 20 de febrero de 2019. https://www.facebook.com/watch/?v=632271823891712&_rdc=1&_rdr.

[192] Ibidem.

[193] Revart, Demián. 2019. «Radio Amiltzinco, el poder de la radio comunitaria creada por Samir Flores». DesInformémonos. 26 de abril de 2019. https://desinformemonos.org/radio-amiltzinco-el-poder-de-la-radio-comunitaria-creada-por-samir-flores/.

[194] Ortega, David. 2014. «PROYECTO INTEGRAL MORELOS - SAMIR FLORES». Youtube. https://www.youtube.com/watch?v=FZpjHlaSs6o.

[195] González, Héctor. 2019. «Llama AMLO "radicales de izquierda" a opositores a termoeléctrica de Huexca». La Silla Rota. 10 de febrero de 2019. https://lasillarota.com/estados/2019/2/10/llama-amlo-radicales-de-izquierda-opositores-termoelectrica-de-huexca-179346.html.

[196] Coyotl, Erik. 2019. «Asesinan a Samir Flores, opositor de termoeléctrica en Morelos, y fundador de Radio Comunitaria en Amilcingo». Chelollan Puebla. 20 de febrero de 2019. https://fmchololIan.org.mx/2019/02/asesinan-a-samir-flores-opositor-de-termoelectrica-en-morelos/.

[197] *Diario de Morelos.* 2019. «Samir Flores Soberanes participó justo ayer en un foro ante autoridades del Gobierno Federal y expresó la crítica e inconformidad que las comunidades tienen sobre la termoeléctrica». Facebook (video). 20 de febrero de 2019. https://www.facebook.com/watch/?v=2137780192945147&_rdc=1&_rdr.

[198] Oropeza, Daliri y Olvera, Al-Dabi. 2019. «En esta lucha voy a dar la vida: Samir Flores». *Pie de Página*. 20 de febrero de 2019. https://piedepagina.mx/en-esta-lucha-voy-a-dar-la-vida-samir-flores/.

[199] Cullell, Jon. 2019. «Una cartulina perdida y dos hipótesis enfrentadas marcan la investigación del asesinato de Samir Flores». *El País.* 2 de marzo de 2019. https://elpais.com/internacional/2019/03/01/mexico/1551469862_387201.html.

[200] Ciro Gómez Leyva [@CiroGomezL]. 2020. «"La principal línea de investigación del homicidio de Samir Flores está relacionada con delincuencia organizada, por la forma y por un mensaje que se encontró. No tenemos ningún elemento que lo relacione con la consulta de la termoeléctrica": Uriel Carmona, Fiscal Morelos». Twitter (Tweet). https://twitter.com/CiroGomezL/status/1098248772805709824.

[201] González, Lilián. 2020. «Proyecto Integral Morelos: sus impactos sociales y la demanda de justicia hídrica de los ejidatarios del municipio de Ayala, Morelos». Cuernavaca, Morelos: Universidad Autónoma del Estado de Morelos-Centro de Investigación en Ciencias Sociales y Estudios Regionales. *http://riaa.uaem.mx/xmlui/bitstream/handle/20.500.12055/1352/proyecto-integral-morelos-compressed.pdf?sequence=1&isAllowed=y*.

[202] Ferri, Pablo. 2022. «La sombra del escándalo planea sobre Cuauhtémoc Blanco tras aparecer retratado con presuntos criminales». *El País* México. 4 de enero de 2022. https://elpais.com/mexico/2022-01-04/la-sombra-del-escandalo-planea-sobre-cuauhtemoc-blanco-tras-aparecer-retratado-con-presuntos-criminales.html.

[203] Osorio, Camila. 2022. «Samir Flores Soberanes: eco de resistencia Revista Común». Revista Común. 18 de febrero de 2022. https://revistacomun.com/blog/samir-flores-soberanes-eco-de-resistencia/.

[204] Ibidem.

[205] Defensores de la democracia. Marzo 2023. «Voces Silenciadas». Temporada 2.

[206] WITNESS. 2019. Seeking Justice for Indigenous Land Rights Activist Samir Flores Soberanes. Youtube. https://www.youtube.com/watch?v=L8mru_zJYOE.

[207] Desinformémonos. 2021. «Corrido a Samir Flores». Facebook. 18 de marzo de 2021. *https://www.facebook.com/watch/?v=265691965151257&_rdc=1&_rdr*.

[208] Desinformémonos. 2020. «La comunidad de Amilcingo instala un antimonumento de Samir Flores Soberanes en el zócalo capitalino». Facebook. 21 de febrero de 2020. https://www.facebook.com/Desinformemonos/videos/4034713623265598.

[209] Proyecto camaleon. 2019. «POEMA DEDICADO AL COMPA "SAMIR FLORES SOBERANES", DEFENSOR DE LOS DERECHOS HUMANOS Y COMUNICADOR COMUNITARIO....... Por Lu Shaffer.» Facebook. 27 de julio de 2019. https://www.facebook.com/watch/.

[210] Centro virtual de conocimiento para poner fin a la violencia contra las Mujeres y Niñas. 2012. «Radio comunitaria». ONU Mujeres. 3 de enero de 2012. https://www.endvawnow.org/es/articles/1270-radio-comunitaria-.html?next=1248.

[211] Ricardez, Ray. 2020. «Radios comunitarias, esenciales frente a contingencia sanitaria por COVID-19». LADO B (blog). 18 de octubre de 2020. https://www.ladobe.com.mx/2020/10/radios-comunitarias-esenciales-frente-a-contingencia-sanitaria-por-covid-19/.

[212] Radio Fogata. 2022. «Mujeres P´urhépecha Haciendo Radio Por La Defensa de La Vida y El Territorio En Cherán». Cultural Survival. 24 de mayo de 2022. https://www.culturalsurvival.org/news/mujeres-purhepecha-haciendo-radio-por-la-defensa-de-la-vida-y-el-territorio-en-cheran.

[213] Redacción. 2021. «Rafael Murúa Manríquez». s. f. Alianza de Medios MX. Accedido 3 de marzo de 2023. https://alianzademediosmx.org/impunidad-en-mexico/rafael-murua-manriquez/606.

[214] Suárez, Karina. 2019. «Asesinado a tiros el locutor de una radio comunitaria en el sur de México». *El País* México. 3 de mayo de 2019. https://elpais.com/internacional/2019/05/03/mexico/1556893920_665835.html.

[215] ARTICLE 19 MX-CA [@article19mex]. 2023. «🚨ARTICLE 19 lamenta y condena la desaparición y posterior asesinato en #Tula #Hidalgo de Abisaí Pérez Romero, periodista, defensor de la tierra/territorio y estudiante. ‼Abisaí desapareció el 12 de febrero y su cuerpo fue localizado al día siguiente. □👇□ https://t.co/LTatTyHcwU». Tweet. Twitter. https://twitter.com/article19mex/status/1626376295679393792.

[216] Entrevista con el coordinador de La voz que rompe el silencio y vocero del municipio autónomo. Disponible en Voces Silenciadas temporada 2, episodio 2.

[217] Manzo, Diana. 2019. «TERESA BAUTISTA MERINO – FELÍCITAS MARTÍNEZ SÁNCHEZ». Matar a Nadie (blog). 28 de julio de 2019. https://mataranadie.com/teresa-bautista-merino-felicitas-martinez-sanchez/.

[218] De Marinis, Natalia. 2019 «Desplazadas por la guerra: Estado, género y violencia en la región triqui». CIESAS

[219] «Declaración | MUNICIPIO AUTONOMO DE SAN JUAN COPALA». 2017. 20 de enero de 2017. https://web.archive.org/web/20110621111946/http://municipioautonomodesanjuancopala.wordpress.com/declaracion/.

[220 y 221] Defensores de la democracia. Marzo 2023. «Voces Silenciadas». Episodio 2. Temporada 2.

[222] Méndez, Alfredo. 2008. «Justifica la PGR tardanza en atraer asesinato de dos triquis». *La Jornada.* 20 de mayo de 2008. *https://www.jornada.com.mx/2008/05/20/index.php?section=politica&article=007n1pol.*

[223 y 224] Comunicadorxs Populares por la Autonomia. 2010. «Entrevista Bety Cariño sobre el papel de las mujeres en las Radios Comunitarias». Youtube. https://www.youtube.com/watch?v=yWpo4X2Hibk.

225 Martínez, Paris. 2015. «Detienen a dos funcionarios de Oaxaca por el homicidio de los activistas Bety Cariño y Jyri Jaakkola - Animal Político». Animal Político. 2 de marzo de 2015. https://www.animalpolitico.com/2015/03/detienen-dos-funcionarios-de-oaxaca-por-el-homicidio-de-dos-defensores-de-derechos-humanos.

PERIODISMO DE DEMANDAS

Freedom of expression –in particular, freedom of the press– guarantees popular participation in the decisions and actions of government, and popular participation is the essence of our democracy.

Corazon Aquino

Freedom of the Press, if it means anything at all, means the freedom to criticize and oppose.

George Orwell

La máxima que prescribe a los periodistas de tomar postura, incluye necesariamente una prohibición para participar en ciertos actos públicos, eventos políticos o incluso debates polémicos. Muchos medios de comunicación imponen una serie de reglas a modo de lineamientos que delimitan la presencia que sus reporteros pueden o no tener en redes sociales. La idea detrás de esto es que entre más neutrales parezcan los periodistas, más credibilidad tendrá su cobertura.

En 2020, el periódico estadounidense *The New York Times* publicó una sección sobre los estándares de la redacción ante el ambiente de desconfianza creciente en la prensa, generado en buena medida por la retórica del entonces presidente Donald Trump. "No deberíamos usar pines de campañas ni mostrar cualquier otra insignia de política partidista, como estampas en el coche o anuncios de leyes. Tampoco podemos trabajar en juntas de gobierno ni postularnos para posiciones de elección popular", reportó el periódico como parte de sus estándares editoriales.[226] Estos estándares contrastan fuertemente con la realidad del periodismo mexicano. Especialmente en municipios fuera de la Ciudad de México, no es extraño que un periodista o reportero local termine trabajando para el Ayuntamiento o para políticos locales. Muchos reporteros trabajan como directores del área de comunicación o como asesores de medios para candidatos y funcionarios. La razón para cambiar de "bando" suele estar relacionada con la precarización de los empleos en el sector periodístico y con la larga tradición de la prensa oficialista mexicana que algunos medios tradicionales todavía conservan, la cual se limita a la publicación de discursos políticos íntegros. Visto así, para ciertos reporteros, termina resultando más conveniente y congruente trabajar directamente para el gobierno.

Cuando esto sucede, la relación entre el periodismo y el trabajo de comunicación social puede ser variada. A veces es en simultáneo, los reporteros mantienen sus columnas o sus medios independientes mientras trabajan para el gobierno o proveen servicios a funcionarios; otras veces es alternada, es decir, los periodistas van y vienen de puestos en el gobierno a puestos en redacciones, y otras veces, el cambio hacia el gobierno es definitivo. Pero esta no es la única manera de tener un vínculo con el gobierno. Muchos periodistas en México también se postulan personalmente como candidatos de elección popular para ocupar puestos en la administración pública. Esa es la parte que más nos interesa en este capítulo.

Muchos reporteros locales y periodistas independientes logran construir una reputación respetable en su comunidad a través de sus trabajos y se convierten en líderes sociales con capacidad de convocatoria. El motivo detrás de los homicidios de reporteros que aquí planteo es que los asesinos silencian y castigan a los reporteros, a modo de dominación, precisamente porque tienen la capacidad de organizar a la sociedad en contra del poder autocrático que ejercen. Esta capacidad de convocatoria, en algunos casos, no solamente es ejercida como una crítica, sino que llega a ser un reto frontal a través del mecanismo oficial para retar a la persona que, de momento detenta el poder político: las elecciones.

El papel, en teoría, del periodismo en una democracia es el siguiente: a través de la información publicada por los reporteros, los ciudadanos tienen mejores elementos para involucrarse en la vida pública a través del voto, de las protestas, de la organización vecinal, etcétera. Entre más y mejor información tenga la población, mejor podrá participar en la toma de decisiones y en las acciones que afectan a la sociedad. Según esta teoría, los reporteros no se deben involucrar nunca de manera directa en el trabajo político, sino simplemente ofrecer herramientas para que los ciudadanos se involucren en exigir rendición de cuentas o votar por algún candidato.

En países con aparatos democráticos longevos vemos casos donde el periodismo empuja procesos cruciales de rendición de cuentas. Pensemos en la renuncia del primer ministro de Islandia después de la publicación de la investigación de los Panama Papers, que vinculaba al funcionario con un esquema de corrupción y evasión fiscal. Vimos cómo Harvey Weinstein, el magnate de Hollywood, enfrentó un juicio por violación y agresión sexual y fue sentenciado a 23 años en prisión después de que las investigaciones de *The New York Times* detonaran una carpeta penal en su contra. No podría faltar, por supuesto, el caso emblemático de la renuncia del presidente de los Estados Unidos, Richard Nixon, después de la investigación de Watergate, donde los reporteros de *The Washington Post* expusieron que Nixon había urdido un plan de espionaje político y sabotaje contra su rival durante la campaña de reelección. Todo esto está muy bien, es muy esperanzador y parece funcionar en países con fuertes instituciones de Estado de Derecho, pero ¿qué pasa en lugares, como México donde, a pesar de la evidencia, las consecuencias ante una clara mala conducta no llegan?

Por poner un ejemplo reciente, en enero de 2023 se hizo público el caso de plagio de la ministra de la Suprema Corte de Justicia de la Nación (SCJN), Yasmín Esquivel Mossa, en su tesis de licenciatura por la Universidad Autónoma de México (UNAM). Uno de los criterios mínimos necesario para ocupar el puesto de ministra o ministro de la SCJN es ser titulado de la licenciatura en derecho con mínimo 10 años de antigüedad. A los pocos días, se hizo público que otras tesis dirigidas por la misma académica asesora de la tesis de Esquivel Mossa, tenían también claros indicios de plagio, corroborando la información original que señalaba a la ministra como plagiaria, sin embargo, a semanas de publicada la información, Esquivel Mossa continúa siendo una de los 11 ministros en la SCJN, el órgano colegiado de impartición de justicia más importante del país.

Este último caso es llamativo por varios motivos. En primera, el trabajo periodístico se centró en comparar dos tesis muy parecidas alojadas en el repositorio de la UNAM. Al ser una presentada un año antes, la evidencia de plagio era sólida. La parte periodística se centró en hechos corroborables. En su defensa, la ministra inició una estrategia que se centra meramente en su reputación; no busca desmentir los hechos presentados, sino conseguir voces y testimonios que puedan dar fe de su integridad como abogada. La conversación cambia, por completo, cuando se permite trascender la evidencia presentada por los hechos, lo que convierte el diálogo en una contraposición de narrativas, volviendo el asunto una cuestión relativa y de opiniones cuando, en realidad, siempre se trató de un tema de evidencia. Una vez que la historia periodística pasó a segundo plano, la discusión se convirtió en una batalla por seguidores de un lado del argumento o el otro.

Es cierto que hay casos en los que la información provista por periodistas sí genera un cambio y un castigo, pero generalmente éste ha sido a través de mecanismos informales, no institucionales. Pensemos en la investigación de Rafael Cabrera, Daniel Lizárraga,

Irving Huerta y Sebastián Barragán: La Casa Blanca de Enrique Peña Nieto. Si bien, a partir de esa investigación, la administración del entonces presidente Peña Nieto empezó a enfrentar agudas crisis de credibilidad y popularidad, también el funcionario nunca enfrentó una investigación legal por desviación de recursos o tráfico de influencias y tampoco renunció ante la evidente corrupción. Otro ejemplo es la investigación de "La Estafa Maestra: Graduados en desaparecer dinero público", de Animal Político y Mexicanos Contra la Corrupción y la Impunidad, donde el equipo de periodistas destapó un esquema de desviación de 7 millones de pesos del erario a través de universidades públicas. Si bien, Rosario Robles, entonces titular de la extinta Secretaría de Desarrollo Social (SEDESOL) fue vinculada a proceso en 2019, la ex funcionaria fue puesta en libertad en 2022 para continuar su proceso judicial desde su casa y todavía no tiene sentencia. Además de Robles, 110 funcionarios públicos estuvieron involucrados en el esquema de corrupción, pero "a la fecha no se sabe de investigaciones administrativas o penales de otros funcionarios implicados en el caso ni ha habido sanciones a más de cinco años de haberse divulgado el escándalo de corrupción", según anotó el centro de análisis Fundar en agosto de 2022.[227] Si así queda demostrada la falta de respuestas institucionales ante investigaciones periodísticas bien documentadas a nivel federal, con capacidad de difusión nacional sobre escándalos mayúsculos, sólo imaginemos el nivel de respuesta que obtienen los casos equiparables a nivel municipal en el resto del país.

Quizá por eso muchos periodistas independientes terminan cruzando esa línea que se nos enseña nunca atravesar como periodistas: pasar de la documentación objetiva a la acción directa. Muchos reporteros no sólo trabajan en oficinas de comunicación en ayuntamientos del país, como dijimos, algunos incluso se lanzan para puestos de elección popular.

***

El 12 de marzo de 2020, la periodista veracruzana María Elena Ferral publicó la columna "La lucha por el poder" a través de su medio informativo independiente, una página de Facebook donde cubría política local, que llevaba el nombre de Polaca Totonaca.[228]

Se trataba de un análisis de la violencia política en los municipios de Papantla, Gutiérrez Zamora y Tecolutla desde el año 2018. Ese año, el llamado Grupo Totonacapan, una combinación de alianzas entre funcionarios públicos, inició una campaña por apoderarse de la zona. Buscaban controlar todo, desde las asociaciones de taxistas hasta las cabeceras municipales. Uno de los principales líderes del Grupo Totonacapan era Camerino Basilio Picazo Pérez, un viejo político priista de la región, a quien la periodista vincularía con una serie de homicidios.

Más de seis políticos locales que se oponían al Grupo Totonacapan o contendían en su contra, fueron asesinados desde 2005 hasta 2020. Entre los asesinados estaban: dos ex alcaldes de Coyutla y un ex síndico, que denunció a Picazo Pérez por desvío de recursos, asesinados en 2006 y 2005, respectivamente. Ferral entrevistó al ex síndico antes de que lo mataran y resguardó los audios, donde explicaba que denunció al priista. Por el último homicidio, se abrió una investigación contra Picazo Pérez como asesino intelectual y se le giró una orden de aprehensión, misma que el político logró evadir con un segundo amparo después de que el primero le fuera negado.

En 2012, la reportera fue víctima de un ataque donde le dispararon en la pierna y en 2016, ella misma recibió amenazas de muerte de Picazo Pérez. Ella estaba con sus hijos en un restaurante cuando el político le dijo que la iba "a levantar".[229]

Para 2018, los asesinatos empezaron en Gutiérrez Zamora, cuando se estaba reacomodando el tablero político para controlar la presidencia municipal. Según publicó Ferral, en esas fechas mataron a dos alcaldes del Partido Verde Ecologista de México (PVEM), uno en 2018 y el segundo en 2020; al ex candidato a la alcaldía por el PANAL; al ex candidato del PT a la diputación federal; al líder de taxistas, cuyas organizaciones estaban "controladas por la agrupación GREPTO, que lidera justamente Basilio Picazo"; y al ex regidor y presidente del comité municipal del PAN. En su columna, la reportera aseguró que el Grupo Totonacapan tenía vínculos con una célula del crimen organizado. Picazo Pérez quería "tener el control absoluto del Distrito, no para trabajar y gestionar beneficios, sino porque busca perpetuarse en el poder, ya no sólo se conforma con Coyutla, también quiere implantar su cacicazgo en el resto de los municipios de la Sierra Totonaca, así como en Papantla, en Tecolutla y en Gutiérrez Zamora", escribió Ferral en su última columna.

El 30 de marzo de 2020, la reportera iba saliendo de una notaría cuando un grupo de hombres armados en motocicletas la emboscaron y le dispararon. Ferral murió más tarde a causa de las heridas en un hospital local. Antes de que la emboscaran sus asesinos, Ferral había aceptado lanzarse como candidata a la presidencia municipal de Gutiérrez Zamora contendiendo contra el grupo de Picazo Pérez.

Es difícil argumentar que la columna de "La lucha por el poder" revelaba información previamente desconocida. En uno de los homicidios incluso existía una orden de aprehensión contra Picazo Pérez, sin embargo, quizá la columna de Ferral ayudaba a ordenar los hechos y los vinculaba todos con el Grupo Totonacapan. La periodista tomó postura respecto a esa agrupación, llamándola un "grupo tenebroso", y alertando que se querían hacer del control de la región. No queda claro si la reportera hubiera sido víctima de violencia de no haberse postulado, pero definitivamente estaba en un periodo de inestabilidad o reacomodo político, como representan las elecciones, intensificado además, por la llegada del Grupo Totonacapan y su estrategia agresiva por el control territorial. También es verdad que era una periodista respetada y admirada y que, tanto con su pluma como con su candidatura, estaba cuestionando y retando al poder autoritario regional.

Para principios de 2023, la fiscalía estatal detuvo a siete hombres relacionados con el homicidio de Ferral, entre ellos a un periodista que le pasaba información a un grupo de la delincuencia organizada y un exregidor de Papantla cercano al grupo de Basilio Picazo, sin embargo, están pendientes dos órdenes de aprehensión, una contra un exdirector de Obras Públicas del Ayuntamiento de Papantla y otra contra Camerino Basilio Picazo Pérez, presunto autor intelectual del homicidio de la reportera. Picazo Pérez está prófugo desde 2020.[230]

***

El periodista y activista vecinal veracruzano, José Moisés Sánchez Cerezo, también incursionó en la vida política de su comunidad. En 2014, Sánchez Cerezo lanzó su candidatura como agente municipal de la comunidad El Tejar. Llevaba tiempo inconforme con la administración del alcalde, Omar Cruz Reyes, un joven panista de 29 años.

Años antes de lanzar su candidatura, el periodista fundó su propio medio de comunicación: *La Unión… La Voz de Medellín*, que publicaba "con 12 páginas, un tiraje que iba de 800 a 1,200 ejemplares, cuando podía costearlo. Su objetivo era la denuncia social, evidenciar los abusos de las autoridades y la falta de servicios públicos".[231]

Llegó a publicarlo en hojas tamaño carta y las fotocopiaba para pegar en las ventanas de la tienda de la comunidad de Medellín de Bravo a fin de que los vecinos pudieran leerlo cuando iban por las compras; con el paso del tiempo, el medio se volvió totalmente digital y se publicaba a través de su blog: www.launionver.blogspot.mx

Sánchez Cerezo era el único reportero que informaba directamente sobre Medellín de Bravo y, cuando pasaba algo de relevancia estatal o nacional, siempre era el primero en compartir información, según recordaría su hijo Jorge Sánchez, quien trabajaba con su papá en el periódico familiar.[232]

A principios de 2014, cuando empezaron las campañas por la agencia municipal, Sánchez Cerezo denunció que el alcalde le aseguró que no lo dejaría ganar, a como diera lugar. El periodista llevaba meses siendo crítico de la administración de Cruz Reyes y no había buena relación entre ambos. "Se nota el derroche de dinero en espectaculares y propaganda, implementadas por el candidato del alcalde Omar Cruz Reyes. Y en contra parte el alcalde dice que no hay recursos para alumbrado, y obras públicas, incluso estudiantes toman clases debajo de árboles por no contar con aulas de clases", escribió el reportero en marzo de 2014. Ese mismo mes, publicó una nota sobre la inseguridad en el municipio: "Los policías municipales han EXTORISONADO, TORTURADOD Y DETEINDO A LA CIUDADANÍA para quitarle el dinero que con esmero y sudor se han ganado…(sic)" Y también criticaba los malos servicios del municipio: "cómo es que se gastan un millón de pesos en un carro alegórico y no tienen para lo necesario como es el alumbrado público", escribió.

A finales de marzo, el periodista y activista publicó una nota con el título "Vamos por un Tejar: justo y próspero". "Traemos propuestas, y un proyecto para transformar a El Tejar… es hora de que juntos levantemos esta comunidad. La gente nos conoce, sabe que siempre hemos alzado la voz ante la injusticia…(sic)".[233]

Sánchez Cerezo perdió las elecciones, pero siguió comunicando y denunciando. Para finales de 2014, en diciembre, Sánchez Cerezo publicó en su página de Facebook una nota sobre la creación de un grupo de autodefensas en la colonia Gutiérrez Rosas de El

Tejar. Se quejaban de la inseguridad y decían que ya no confiaban en las autoridades y ni en el gobierno de Cruz Reyes.

El 2 de enero de 2015, un grupo de hombres armados en camionetas llegaron a casa del periodista, entraron por él y se lo llevaron. En la esquina de la cuadra había un par de policías municipales que vieron al comando y lo dejaron pasar. El periodista estuvo desaparecido durante 22 días, hasta que el sábado 24 de enero de 2015, apareció su cuerpo sin vida.

Después, el policía municipal Clemente Noé Rodríguez Martínez confesaría que el homicidio lo ordenó el entonces alcalde Cruz Reyes. "En el video [de la confesión], Rodríguez Martínez relata que la muerte de Moisés Sánchez se produjo por encargo directo de Martín López Meneses, subdirector de la Policía Municipal de Medellín, así como chofer y escolta personal del presidente municipal, Omar Cruz Reyes, a petición de este último".[234] Posteriormente se hizo público que López Meneses tenía vínculos con el grupo del crimen organizado en la región.[235]

El congreso local desaforó a Cruz Reyes antes de girarse una orden de aprehensión en su contra, pero después de que el ex alcalde huyera del estado. Actualmente se encuentra prófugo.

***

A veces el periodismo toma postura, como el de Condés Jaramillo o Valdez Cárdenas. Otras veces tiene demandas sociales concretas como el trabajo de defensoría del medio ambiente de Flores Soberanes, el fundador de Radio Amilztinko. Unas veces más, los y las periodistas llegan al punto de transformar esas demandas sociales en propuestas donde ellas y ellos son los protagonistas del cambio que exigen. En todo caso, el periodismo de riesgo en México, como hemos visto, es el que cuestiona desde la comunidad.

Notas

[226] Wilson, Caryn y Takenaga, Lara. 2020. «No Politics Till the 7th Date? How Journalists Try to Stay Impartial». The New York Times, sec. Reader Center. 2 de marzo de 2020. https://www.nytimes.com/2020/03/02/reader-center/political-impartiality.html.

[227] Pérez, Matilde. 2022. «Estafa Maestra: pendientes clave». Animal Político. 25 de agosto de 2022. https://www.animalpolitico.com/analisis/estafa-maestra-pendientes-clave.

[228] Polaca Totonaca. 2020. «P O L A C A T O T O N A C A. La lucha por el poder». Facebook. 12 de marzo de 2020. https://www.facebook.com/permalink.php?story_fbid=pfbid0MFCpYLjzfL9G9SwgGgZu6oTMgSSh1KuagrAJNRJLGuMLFhaJWWX4VsoFAw47oYRSl&id=319268525104336.

[229] El Ciudadano México. 2016. «Candidato del PRI amenaza a reportera con "levantarla"». El Ciudadano. 19 de abril de 2016. https://www.elciudadano.com/latinoamerica/candidato-del-pri-amenaza-a-reportera-con-levantarla/04/19/.

[230] Redacción. 2020. «Fiscalía realiza operativo en Papantla; trasciende orden de captura contra Basilio Picazo». Al calor político (blog). 27 de abril de 2020. https://www.alcalorpolitico.com/informacion/fiscalia-realiza-operativo-en-papantla-trasciende-orden-de-captura-contra-basilio-picazo-315225.html.

[231] Redacción. 2021. «José Moisés Sánchez Cerezo». s. f. Alianza de Medios MX. Accedido 3 de marzo de 2023. https://alianzademediosmx.org/impunidad-en-mexico/jose-moises-sanchez-cerezo/798.

[232] Ibarra, Alejandra. s. f. «La vida después del silencio». *El Universal.* Accedido 3 de marzo de 2023. https://www.eluniversal.com.mx/interactivos/2021/victimas-periodistas-asesinados/.

[233] Tribuna Veracruz. 2015. «Así mira Moisés Sanchez a Omar Cruz». Blog Expediente MX (blog). 15 de enero de 2015. http://blog.expediente.mx/nota/10480/periodico-de-veracruz-portal-de-noticias-veracruz/asi-mira-moises-sanchez-a-omar-cruz.

[234] Redacción. s. f. «México: Aparece muerto el periodista Moisés Sánchez Cerezo». Cuba debate. 26 de enero de 2015. http://www.cubadebate.cu/noticias/2015/01/26/mexico-aparece-muerto-el-periodista-moises-sanchez-cerezo

[235] Redacción. s. f. «José Moisés Sánchez Cerezo». Alianza de Medios MX. Accedido 3 de marzo de 2023. https://alianzademediosmx.org/impunidad-en-mexico/jose-moises-sanchez-cerezo/798.

EL POLICÍA

¿Quién cuenta como periodista?

Yo solamente he luchado en una causa por mejoras salariales y en una causa por el respeto a los derechos, a los derechos humanos de los ciudadanos.

Juan Antonio Salgado Burgoin

Usted publicaba cosas muy sinceras y se notaba el apoyo sincero que tenía por los policías, en mi fb reclamaba CON JUSTICIA cosas que hacían falta o que estaban mal. Nunca lo conocí en persona, pero por lo que escribía me di cuenta que era una persona noble, íntegra, respetuosa y trabajadora y que dio todo por los policías, es injusto esto, que la mafia lo mate para callarlo, pero sé que hay más voces que hablarán por usted....

Usuario de Facebook en el muro de Salgado Burgoin,
cinco días después de su muerte.

Juan Antonio Salgado Burgoin predijo su muerte exactamente 16 días antes de que sucediera. Lo hizo a través de un monólogo grabado en un video el 5 de febrero de 2014, mismo que después publicó a través de YouTube. En la grabación se puede ver al policía municipal de La Paz, la ciudad de playas paradisiacas a una hora de Los Cabos, en Baja California Sur, mirando decidido a la cámara mientras se acomoda sobre su asiento. Está grabando al interior de lo que parecen las oficinas de la policía municipal: un cuarto parco, con paredes color beige y un escritorio frente a él.

"Buenas tardes ciudadanos de Baja California Sur, quiero comentarles que estoy atravesando por una situación difícil," comienza. [236] La expresión de su cara de tez morena es seria, tiene una mirada dura y el ceño fruncido. Su porte es digno. Está vistiendo su uniforme: una camisa azul marino con el escudo de la policía en la solapa, a la altura del pecho, y una cachucha del mismo color. El oficial mira directo a la cámara mientras describe lo que él llama su causa, "que es solamente por defender los derechos policiales y exigir una mejor situación y mejor salario digno para mis compañeros y para el suscrito. Un salario que no es más, que no rebasa los 6 mil pesos quincenales, que es lo que le estamos pidiendo a la alcaldesa de La Paz".

En el video, grabado en el cuarto mal iluminado, Salgado Burgoin menciona que durante los últimos meses fue víctima de hostigamiento, intentos de secuestro y amenazas de muerte, pero ese día pasó algo más, algo diferente, algo peor. Ese era el motivo por el cual grababa el video. Lo que pasó fue lo siguiente: su esposa estaba en casa con sus dos hijos, cuando se dio cuenta que un hombre caminaba sobre el techo de su casa. Asustada, salió a preguntarle quién era. El hombre se identificó como un empleado de la compañía de internet Megacable. Nerviosa, la esposa del policía regresó al interior de la casa para llamarle a Salgado Burgoin y explicarle lo que estaba pasando, pero para su sorpresa el teléfono no daba línea. Sin teléfono, decidió mandarle un mensaje por redes sociales a su marido, pero tampoco tenía conexión. Salió para marcarle de un teléfono público y avisarle que había un hombre desconocido que decía ser empleado de Megacable en su casa, quizá era rutina o tal vez lo mandó llamar su esposo, pero tan pronto salió, el hombre huyó en un Toyota Corolla azul.

Cuando finalmente se pudieron comunicar, le contó a su esposo todo. Más tarde, el policía habló a la compañía de internet para verificar si efectivamente habían enviado a alguien. El policía confirmó sus peores sospechas: el hombre en el techo de su casa, le aseguraron, no era empleado suyo. Horas después de revisar todo, Salgado Burgoin y su esposa se dieron cuenta de que el hombre misterioso que subió a su techo bajo el pretexto de revisar sus conexiones, en realidad hizo todo lo contrario. Cortó los cables de internet y teléfono, dejándolos, al interior de la casa, totalmente incomunicados.

"No me voy a dejar intimidar", dijo el policía en aquel video del 5 de febrero, "no le temo a la muerte. Temo que le pase algo a mi familia. Sean hombres, tengan los pantalones para hacerme algo a mí." Señaló como potencial responsable a Esthela de Jesús Ponce Beltrán, la presidente municipal de La Paz, por si algo le llegaba a pasar a él o a su familia. Después añadió, "no vayan a mi domicilio, no vayan por mi familia. A mí háganme lo que me tengan que hacer, porque yo seguiré peleando por un mundo mejor, salario para mis compañeros y para que el ciudadano sea respetado. Gracias".

Dos semanas después, el 21 de febrero de 2014, Juan Antonio Salgado Burgoin murió asesinado a tiros.

***

En las calles de La Paz se respiraba el cambio durante el verano de 2011, cuando se celebraron las elecciones para alcalde que le darían el triunfo a la priista Ponce Beltrán. Para ese entonces, el PRI llevaba dos sexenios fuera de Los Pinos, desde que Vicente Fox Quesada ganó las elecciones presidenciales con el PAN en el 2000, terminando con los pocos más de 70 años de reinado priista. Incluso antes de la victoria federal del PAN, el PRI fue perdiendo terreno en elecciones estatales y municipales durante más de una década, La Paz no era la excepción. Después de décadas de gobiernos priistas, el municipio priista, perdió a manos de la Coalición Democrática y del Trabajo, conformada por el PRD y el PT, en 1999. Para cuando Ponce Beltrán ganó las elecciones en 2011, La Paz no había sido gobernada por el PRI en 15 años. Su triunfo era loable y celebrado en el partido, especialmente porque las cúpulas priisitas de mayor calado ya estaban fraguando su regreso a la presidencia de la república con el entonces gobernandor del Estado de México: Enrique Peña Nieto.

Ponce Beltrán y Peña Nieto coincidieron en un evento de políticos del partido en el Estado de México, era una reunión con priistas que anduvieron en la Cámara de Diputados con el mismo Peña Nieto, cuando entonces era gobernador, él personalmente felicitó a Ponce Beltrán por su victoria. "El mejor resultado que el Partido Revolucionario Institucional obtuvo en las elecciones de este año se dio en La Paz", dijo, "donde nuestra amiga Esthela Ponce recuperó la capital del estado de Baja California Sur para nuestro partido con una gran ventaja sobre sus adversarios".[237]

Peña Nieto ganaría las elecciones presidenciale meses después. En aquel momento, Ponce Beltrán era vista como una figura de fortaleza, alguien capaz de cumplir su promesa, recuperar los espacios perdidos y volverlos a entregar al partido, más tarde, en 2014, intentaría competir por la gubernatura de Baja California Sur. Su único problema era un policía municipal que le estorbaba, le estaba causando molestias desde el inicio de su administración y no lograba quitárselo de encima.

La lucha de Salgado Burgoin por mejores condiciones de empleo empezó justo después de que Ponce Beltrán inició su periodo como alcaldesa de La Paz el 27 de abril de 2011. Una de las primeras cosas que hizo, que no es inusual, fue cambiar al jefe de seguridad en la ciudad, reemplazándolo por alguien de su plena confianza. En mayo de 2011, semanas después de entrar a su puesto, Ponce Beltrán corrió al director de Seguridad Municipal para reemplazarlo con el General Ángel César Amador Soto, retirado del Estado Mayor presidencial, donde trabajó con los equipos de seguridad de los últimos dos presidentes del PRI antes de 2000: Carlos Salinas de Gortari y Ernesto Zedillo Ponce de León. Antes de empezar a trabajar para Ponce Beltrán, el general retirado del Estado Mayor trabajó supervisando las operaciones del C4 y del Cereso de La Paz entre 2000 y 2011.[238]

Tan pronto entró Amador Soto a su nuevo puesto como director de Seguridad Municipal, empezó a reestructurar al departamento, corriendo a 17 policías municipales. Entre ellos estaba el comandante Salgado Burgoin, un joven policía, padre de una niña de 8 años con un segundo hijo en camino.

Cuatro meses después de que lo despidiera Amador Soto, Salgado Burgoin presentó su primer recurso legal contra la adminisitración de Ponce Beltrán. Con el paso del tiempo, Salgado Burgoin y sus colegas serían reincorporados a sus puestos de trabajo, pero su antigüedad, así como sus rangos y las prestaciones que adquirieron con el tiempo, se perdieron. Salgado Burgoin pasó de ser comandante de la policía municipal a suboficial de la unidad de tránsito en cuestión de meses. Y en algún momento de ese periodo, decidió que no se quedaría con los brazos cruzados.

El policía empezó entonces una campaña pública, a través de redes sociales, dando a conocer todas sus quejas contra el departamento de la policía y la presidencia municipal. No era periodista, pero pronto se convirtió en un personaje conocido, había quienes lo admiraban y elogiaban por su trabajo de denuncia, pero con su reconocimiento público empezaron las amenazas. Normalmente, el policía se comunicaba con su audiencia a través de Facebook en una cuenta que se llamaba "UPM UPM", el acrónimo de Unión de Policías Municipales, pero cada que tenía demasiados seguidores le hackeaban la cuenta y ésta era eliminada. Eso pasó tres veces. Al día de hoy, sólo permanece vigente su página de Facebook personal,[239] y conserva pocos rastros de la actividad en línea que lo convirtió en un personaje conocido en la ciudad de La Paz.

Uno de los pocos videos producidos por Salgado Burgoin que todavía se puede encontrar en internet, muestra una camioneta pickup de la policía municipal. El policía no aparece en el video, pero su voz narra lo que graba con la cámara del celular. "Esta es la unidad que mandaron, mira", dijo moviendo la cámara alrededor del vehículo y por debajo, donde se puede ver una gotera que el oficial describió como una fuga de aceite. La camioneta la envió el departamento para patrullar la colonia El Centenario. "Por Dios, esta unidad no sirve. Esta unidad está fuera de servicio. El Centenario se encuentra sin unidad", agregó. Además de la gotera, la camioneta no tenía placas. A poco antes de terminar su transmisión, cerraba con su característico mensaje de despedida: "Informó para ustedes su amigo, el suboficial Salgado Burgoin, Juan Antonio, al servicio de la ciudadanía", y ya al final, justo antes de que el video de casi 2 minutos terminara, responsabilizó a la alcaldesa: "Presidente Esthela Ponce Beltrán, le pedimos que invierta en unidades a nuestra comunidad y al municipio de La Paz. Gracias", así concluye con la transmisión.

Entre sus demandas más constantes estaban un aumento salarial y recibir viáticos cuando los mandaban fuera de la ciudad. Frecuentemente denunciaba que a policías los mandaban a algunas misiones que pagaban con su propio dinero, algunos incluso tenían que regresar de aventón a la ciudad. Un policía murió en un accidente de tránsito cuando pidió aventón para regresar de un operativo. Además del evidente riesgo de seguridad con una creciente presencia del crimen organizado, esas condiciones de trabajo claramente eran inaceptables.

Tiempo después de presentar la demanda, Amador Soto citó al policía en su oficina, lo acorraló cerrando ambas puertas del despacho y empujándolo contra la pared, empezó a amedrentarlo. Recordó Salgado Burgoin en una entrevista con la periodista Diana Cuevas, de Meganoticias: "Cierra la otra puerta, ya que tiene dos puertas la oficina, y me comienza a insultar, a decirme que yo nunca iba a ser comandante de esa institución mientras él estuviera sentado y que yo, junto con todos los comandantes que él quitó y que ganamos un amparo, nos lo iba a quitar. Que porque éramos unos malos elementos, malos comandantes".

En otra entrevista, la periodista Diana Cuevas cuestionó al director de Seguridad Municipal, Amador Soto:

Cuevas: el director general de Seguridad Pública Municipal desmintió los hechos a los que hiciera referencia Salgado Burgoin.

Amador Soto: No, nadie lo agarró por la fuerza, ni lo jaloneo, ni le pegó, ni le sacamos cuchillos, ni nada.

Cuevas: ¿No hubo agresión verbal?

Amador Soto: No. Bueno, lo de la agresión verbal fue esa que tenía que firmar porque debería recibir el documento. Si no estaba de acuerdo él, y le dijimos pues que no era correcto lo que estaba haciendo, si él es un policía y tiene grado como dice, pues debe obedecer los grados. Y retenerlo no, porque yo le puedo hablar y hasta que yo lo desocupe se puede retirar. No puede venir ahorita un policía y porque se enfada porque está aquí, entonces ya me voy y me deja aquí. Yo soy el director general.

Cuevas: A principios de la actual Administración se ampararon 17 elementos policíacos contra la remoción del cargo que había ordenado el director general. El amparo fue ganado debido a que no se fundamentaron sus remociones. Ahora, una vez instalados, pueden ser destituidos por la dirección, cuidando las formas legales.

Amador Soto: Ahora ya le pusimos todo esto, entonces ya estamos en posibilidad de poderlo hacer sin ningún problema.

Salgado Burgoin, por su lado, sostuvo que el director lo insultó de frente y a apenas con 5 centímetros de distancia, "casi me escupía la cara de donde lo tenía enfrente al señor"; el policía no iba a dejarlo pasar. "La verdad yo no los puedo olvidar ni pasar por alto, porque, antes que nada, tengo dignidad", dijo. Presentó entonces una denuncia por abuso de autoridad. El caso fue desestimado meses después, por faltas administrativas. La autoridad obvió citar a uno de los testigos parar brindar su testimonio. Ante lo cual, Salgado Burgoin presentó un amparo ya que el procedimiento no fue llevado a cabo de manera correcta.

Para mayo de 2013, cuando Ponce Beltrán llevaba dos años en la administración de la ciudad costera, Salgado Burgoin encabezó una protesta con más de 40 policías. Tomando las calles a las 8:00 horas con más de 20 vehículos, según reportaron noticieros locales. Gritaban: "¡Ya basta! ¡Estamos hartos de que pisoteen nuestros derechos!" Terminaron la marcha enfrente del Ayuntamiento, levantando las pancartas con sus exigencias. Entonces Salgado Burgoin, al centro de la multitud, empezó a leer una lista de demandas. Querían mejor equipo de trabajo: cascos, chalecos antibalas, uniformes, patrullas nuevas y armamento, viáticos para las comisiones fuera de la ciudad, seguro de gastos médicos mayores y seguro de vida, también querían elevar los estándares de calidad y profesionalismo del departamento de policía. Pedían el pago retroactivo de un subsidio para el fortalecimiento del desempeño en materia de seguridad pública que se dejó de pagar en el año 2008,* y con el cual hubieran podido acceder a cursos de capacitación; mejor tecnología y equipo, entre otras cosas. Pedían también dejar de trabajar con las caras tapadas por pasamontañas y que se evitara que sus propios jefes actuaran como investigadores de asuntos internos. Terminaron la manifestación con una promesa por parte de la alcaldesa: se reuniría con el grupo de policías encabezado por Salgado Burgoin para negociar sus demandas. Se acordó una fecha a mediados de julio de 2013.

En los dos meses entre la protesta y la cita con la alcaldesa, Salgado Burgoin continuó empujando batallas legales contra la administración y publicando en sus redes sociales las paupérrimas condiciones de trabajo en las que estaba el departamento de policía. En junio le otorgaron el amparo para el caso de abuso de autoridad, ya

* El Subsidio para la Seguridad en los Municipios, se aplicó durante los ejercicios 2011 a 2015, con el nombre de SUBSEMUN y a partir de 2016 a 2020, se reestructuró en el Programa de Fortalecimiento del desempeño en materia de seguridad pública (FORTASEG). El subsidio para el fortalecimiento del desempeño en materia de seguridad pública, se otorgó a los municipios y demarcaciones territoriales de la Ciudad de México y, en su caso, a las entidades federativas que ejercían de manera directa o coordinada la función.

que se comprobó que no entrevistaron a uno de los testigos del hostigamiento que sufrió. Así llegó el 11 de julio, la fecha para reunirse con la presidente municipal y presentarle sus peticiones. Salgado Burgoin obtuvo la razón en tribunales y la masa crítica de oficiales que lo seguían era cada vez mayor. Los policías llegaron al punto de reunión y esperaron, pero Ponce Beltrán nunca llegó.

El 31 agosto de 2013, el policía publicó un video en su canal de YouTube, donde pedía la intervención de la alcaldesa para despedir a los altos mandos de la fuerza policiaca:[240]

> Buenas tarde, compañeros y ciudadanos de la Paz, baja California Sur. Hoy no le voy a escribir con letras. Hoy les quiero expresar a viva voz y, antes que nada, pedirle a nuestra presidenta municipal, Esthela López Beltrán, pues que se sume a nuestra causa. Le estoy pidiendo de la manera más atenta y respetuosa, de parte de mis compañeros y su servidor, que nos ayude a mejorar nuestro servicio, a mejorar nuestros salarios [...]. Ya basta de tantas injusticias. Yo les digo a mis compañeros que no teman en hablar. No teman en decir la verdad. La verdad es la que reina sobre toda la injusticia, la verdad es la que siempre sale a flote. Yo he pasado por muchas cosas desde 2011. Yo denuncié a unos directores. Unos están todavía en la corporación. Otro pues ya no está afortunadamente, que es el General Ángel César Amador Soto. Son personas que me tuvieron encerrado en una oficina, nomás porque ellos quisieron [...]. Yo le pido a la presidenta que nos ayude, que lo único que estamos pidiendo es un mejor salario. Que estamos pidiendo equipo, equipo adecuado, unidades, ¿para qué?, para combatir la delincuencia organizada y para acudir al llamado de la ciudadanía cuando nos llama. Para mí, es injusto que, a mí, siendo yo una persona certificada, una persona que cuenta con el perfil una persona capacitada, por el hecho de pedir un bien colectivo para todos, por el hecho de que estamos pidiendo equipo para enfrentar la problemática de inseguridad del municipio, me tengan congelado, me tengan banqueado en una comandancia nomás porque pido lo que merez-

> co, lo que merecemos todos. Porque pido lo que necesitamos para trabajar. Porque pido un mejor salario. Se me hace injusto que por eso ellos me tengan aquí [...]. Soy una persona abierta y humilde, abierta al diálogo.

Los recursos insuficientes y las malas condiciones laborales de las policías municipales son probelmas ubicuos en México. La Paz estaba lejos de ser la excepción. La Policía Municipal en México recibe salarios bajos, especialmente considerando su línea de trabajo, cada vez mayor, en el combate al crimen organizado o, en su defecto, en maneras de coexistir con esa otra fuente de violencia que no proviene del Estado y que los supera en recursos, calidad y cantidad de armamento.

Encima, la obligación de la Policía Municipal no es combatir al crimen organizado, sino intervenir "en casos de poca relevancia en términos de criminalidad o de violencia. El mantenimiento del orden es la cotidianeidad de la policía municipal y es un rol fundamental en la vida comunitaria", como explican los académicos Gustavo Fondevila y Rodrigo Meneses Reyes,[241]"en las comunidades, la policía municipal cumple un rol fundamental de mantenimiento del orden para dejar en manos de la policía estatal la aplicación de la ley", sin embargo, por la porosidad del crimen organizado en la vida cotidiana de las comunidades, la Policía Municipal a veces se enfrenta con estos grupos de manera directa a pesar de que su entrenamiento, presuspuesto y equipo no corresponden a lo que se les ha orillado hacer en los últimos 15 años. En un texto para el Kennedy School Review, la experta en policías locales de México y Estados Unidos, Daniela Phillipson García, lo explica:

> Ni siquiera el 10% de los departamentos de policía municipal paga por servicios funerarios de los oficiales asesinados en el cumplimiento de su deber [...] los policías municipales no tienen pistolas ni otras armas y pagan por sus propios uniformes,

> gasolina y vehículos en pequeños municipios a lo largo y ancho de México. De manera aún más preocupante, aproximadamente una cuarta parte de los municipios del país no tienen policía porque no hay suficiente dinero para pagarles.[242]

Para 2019, 650 municipios en el país no tenían policías.[243] A finales de 2021, por ejemplo, nueve de los 58 municipios de Zacatecas se quedaron sin elementos. En Loreto, uno de esos municipios, sucedió lo siguiente: en otoño de 2021, al entrar la nueva administración municipal, un grupo de hombres armados secuestró al jefe de policía de su casa una madrugada. Los dos policías que estaban en la estación en guardia también fueron secuestardos esa noche. Sus cuerpos descuartizados aparecieron ocho días después. Los aproximadamente 12 policías municipales que sobrevivieron al atentado renunciaron de inmediato.[244]

Incluso si el trabajo no fuera peligroso y la Policías Municipal del país no estuvieran sufriendo recortes presupuestales, entre 2011 y 2014, Salgado Burgoin quería trabajar con prestaciones decentes, un salario justo y condiciones bajo las cuales él y sus colegas se sintieran protegidos y respaldados por el propio departamento de policía. A finales de 2013, para celebrar el día del policía, pidió donaciones a la ciudadanía en su página de Facebook UPM UPM. A los pocos días les donaron un salón, la comida y regalos. El policía publicó un video con cada uno de los regalos agradeciendo a quienes los enviaron: dueños de puestos de hotdogs, abogados, incluso diputados.

***

Baja California Sur tendría elecciones para goberanador en 2015 y Ponce Beltrán buscaba la candidatura del PRI. Quizá por eso faltó a la cita con los policías, por temor a la confrontación y a la exigencia de sus derechos, por temor a opacar su imagen pública. La verdadera razón, nunca se supo. Lo cierto fue que 2014 era un año clave para posicionarse como la candidata definitiva del partido y como la favorita entre los demás contendientes para quedarse con el estado. No se podía dar el lujo de dejar que Salgado Burgoin contaminara más la opinión pública en su contra organizando protestas, presentando demandas o amparos, ni publicando denuncias en redes sociales, acciones que inequívocamente recuperaba la prensa local para visibilizarlas. La alcaldesa necesitaba un remedio y lo necesitaba pronto. O al menos eso dijo Dámaso López Núñez, quien fue la mano derecha de Joaquin "El Chapo" Guzmán Loera, el líder del Cartel de Sinaloa, antes de ser arrestado y extraditado, durante su testimonio en la Corte Este de Distrito de Nueva York el 23 de enero de 2019.

López Núñez fue uno de los testigos colaboradores de la fiscalía de Estados Unidos en el juico contra Guzmán Loera. Al interior de la sala 8D, durante ese frío día de enero, la fiscal Amanda Liskamm se paró frente a López Núñez, quien testificó sobre su relación con el antiguo líder del Cartel de Sinaloa. Una serie de mensajes de texto interceptados entre ambos capos se proyectó al interior de la sala, Liskamm le pidió a su testigo que explicara algunas palabras en código y mensajes cifrados que intercambió años atrás con el acusado.

La pantalla al interior del juzgado se iluminó, mostrando una serie de mensajes de texto que detallaban un evento que, para variar en el juicio, no describía una compraventa de drogas. La fiscal Liskamm empezó a leer los mensajes en voz alta. El interrogatorio que sostuvo con su testigo fue así:*

---

* El interrogatorio original fue en inglés por parte de Liskamm, a lo que López Núñez respondía en español. Una intérprete de la corte traducía sus respuestas al español. Este extracto es una traducción propia de la transcripción oficial del juzgado, cuyo récord quedó en inglés, incorporando las traducciones de la intérprete. En otras palabras, las respuestas de López Núñez incorporadas aquí no son transcripciones literales, sino traducciones de la transcripción oficial en inglés, por lo que sus expresiones originales, coloquialismos o regionalismos no son los que él usó, esos no quedaron registrados en ningún documento. La traducción aquí presentada sólo sirve para fines de comprensión sobre los hechos.

Mensaje enviado por Dámaso López Núñez a Joaquín Guzmán Loera el 30/09/2013 a las 11:09:00: "Por otra parte el rene platico personal con la presidnte mpal de la calma, es de las facoritas como candidata por el pri para el gobierno del estado. Quiere que le quitiemos renunciiando a un poli que esta grillando mucho y la esta afectando e la politica y se puso a la orden, que en su momento tambien ocuparia un apoyo la campaña (sic)."[245]

Liskamm: ¿Qué le está diciendo al acusado aquí?

López Núñez: Que Rene era el encargado de la plaza de Baja California Sur, y que me había mandado un mensaje de la mujer que era la presidente municipal de La Paz quien, según ella, tenía las mayores probabilidades de convertirse en candidata a gobernadora, pero tenía un problema con (...) había un policía que la estaba molestando. Entonces buscó a Rene y le pidió que le hiciera un favor: que si podía matar al policía para que no le afectara. Y, en su momento, también iba a pedir apoyo para la campaña.

Liskamm: Okay. Donde dice ahí La Calma, ¿qué es eso?

López Núñez: La presidente o alcaldesa de La Paz.

Liskamm: Y, donde dice que quiere que lo quiten, ¿qué quiere decir eso?

López Núñez: Que matemos al policía.

Liskamm: Okay. Y también hay una referencia al PRI. ¿Qué es eso?

López Núñez: El PRI es el partido político de (...) al que pertenece la señora; la alcaldesa es miembro del Partido Revolucionario Institucional.

Liskamm: Okay. Pasando a la siguiente diapositiva, diapositiva 20, párrafo 102. ¿Esa es la respuesta del acusado?

López Núñez: Sí.

Liskamm: Okay. Y dice…

> Mensaje enviado por Joaquín Guzmán Loera a Dámaso López Núñez el 30/09/2013 a las 11:24:51: "si es la faborita ai ke aserle el fabor. Aber. Como. La salida dela casa del polli como bengansa de un cholo. Ke no semire. Ke con rifle no ke con pisrtola para ke nose mire violento. Pero para cuando se sabe si gana o no. Pero ai una cosa. Ke no se sabe kien baser elpresidente mun. Ke no las elecciones fuerom en julio. (sic)"

> Responde Dámaso López Núñez a Joaquín Guzmán Loera el 30/09/2013 a las 11:24:51: "Ella es precidenta mpal ahorita pero es de las favoritas para ser la candidata a gobernador. Y esa campaña empieza en enero."

Liskamm: ¿Aquí qué le está diciendo el acusado?

López Núñez: Que si ella es la favorita, entonces hay que hacerle el favor. O sea, que yo le diga a Rene que le haga el favor de matar al policía. Y que el asesinato del policía no se vea violento, que no usen armas de fuego. Que mejor lo hagan ver como si hubiera sido la venganza de un cholo.

A inicios de 2014, Salgado Burgoin comunicó que lo intentaron secuestrar, recibía constantes amenazas de muerte. Semanas después, en febrero, las cosas empezaron a cambiar. Las amenazas, por mensajes anónimos a través de redes sociales, en una especie de éter durante todos esos meses, se empezaron a materializar. El miércoles 5 de febrero de 2014, el hombre haciéndose pasar por empleado de Megacable se presentó en la casa del policía.

Esa noche fue cuando se grabó contando la historia y sosteniendo que la alcaldesa sería responsable si algo le llegaba a pasar. Tres días más tarde, el 8 de febrero de 2014, corrieron a Salgado Burgoin de su trabajo en el departamento de policía de manera definitiva, según le dijeron, "por no requerirse más sus servicios y por necesidades propias de esta dependencia".

Como era de esperarse, el policía no se fue sin oponer resistencia. Escribió una carta pública, dirigida a los ciudadanos de La Paz, y la difundió en redes sociales. Los noticieron locales la retomaron de inmediato, compartiendo el contenido de la carta:

> [...] Ciudadanos, también mi esposa lleva dos semanas llorando a causa del daño que Esthela nos ha hecho, me pregunta que cómo es posible que por exigir un derecho laboral y un mejor equipo para poder brindar mejor seguridad, Esthela me haya despedido, yo he sido fuerte y he sabido hablar con mi familia sobre esta injusticia. Gracias a Dios he tenido el apoyo de mis compañeros, el cual también agradezco, y sobre todo el apoyo ciudadano que siempre han estado apoyando esta causa noble, sólo espero que Esthela Ponce Beltrán en su informe de gobierno, también informe a la ciudadanía a cuantos empleados despidió por exigir un derecho laboral. Ciudadanos les pido un gran favor, compartan esta carta, que toda la ciudadanía sepa que Esthela Ponce Beltrán está destrozando familias. Gracias, su amigo Burgoin al servicio de la ciudadanía (sic).[246]

La ríspida relación con Ponce Beltrán llegó a niveles inéditos cinco días después, cuando un grupo de policías vestidos de civil desalojaron una protesta organizada por Salgado Burgoin a las afueras del Ayuntamiento.[247] Después, el 19 de febrero de 2014, el ex policía publicó, en su Facebook personal, una caricatura de una ratita con una leyenda sobrepuesta: "dos promesas para 2015, 1- explotar los recursos de seguridad públicia, y llevarlos a mi bolsa. 2 – ignorar a la ciudadanía, y aumentar el desempleo, PRI. (sic)"[248]

Se entendía que la rata de la caricatura era la presidente municipal. El texto con el que Salgado Burgoin acompañaba la publicación explicaba que sus otras cuentas fueron hackeadas, pero no iba a detener sus intentos por exhibir quién era la alcaldesa realmente para que los ciudadanos supieran.

Durante los siguientes días publicó fotos suyas sosteniendo carteles en espacios públicos, como en la entrada del Ayuntamiento. En una de sus publicaciones en Facebook escribió: "Ciudadanos les pido un favor, cuando sepan de las presentaciones de Esthela Ponce Beltrán, avísenme a mi cel para apoyar a Esthela con mi manta por favor... sip, gracias su amigo Burgoin al servicio de la ciudadanía... (sic)".[249] Las pancartas tenían leyendas sobre su despido injustificado y sobre la deuda de su finiquito según la ley. Los noticieros los retomaron, a pesar de que el alcance de Salgado Burgoin era suficientemente amplio a través de sus propias redes sociales.[250]

***

Salgado Burgoin llevaba dos semanas desempleado cuando salió con su esposa a recoger a sus hijos al kinder y a la primaria. El ex policía condujo la Ford Voyaguer guinda de la famila al kinder primero, donde recogieron a su hijo de 3 años, y a la primaria después, donde recogieron a su hija de 11 años. El niño se fue sentado en las piernas de su mamá y la niña en el asiento de atrás del conductor. Tras el desempleo de Salgado Burgoin, la familia estaba buscando fuentes de ingreso e iban a vender algunas cosas que tenían en casa a unos conocidos.

Iban de camino cuando una pickup blanca Toyota Tacoma les cerró el paso. Dos hombres armados salieron de la Tacoma y, parados a un costado del coche familiar, empezaron a dispararle a la Voyaguer por el lado del conductor. La mamá de los niños abrazó al pequeño, cubriéndolo con el cuerpo, mientras daba la espalda al asiento del conductor por donde venían los balazos. La hija de la pareja quedó atrás, en plena línea de fuego, desprotegida.

Cuando los agresores se fueron, la niña estaba cubierta en sangre; la habían alcanzado tres disparos. Salgado Burgoin, sentado en el asiento del conductor, todavía respiraba después de recibir 11 balazos. Una ambulancia llevó al expolicía y a su hja al hospital más cercano, el Juan María de Salvatierra. Salgado Burgoin falleció a los pocos minutos después de entrar al hospital. Su hija sobrevivió después de una cirugía de emergencia y días internada recuperándose en el hospital. Los eventos que siguieron al crimen son esperados, pero no por eso menos decepcionantes.

El caso se le asignó al detective Sagmar Salvador Gómez Reyes. Años antes, el mismo detective investigaba el homicidio de un jovencito en un bar de La Paz, asesinado a balazos después de iniciar una pelea verbal con el hijo del entonces gobernador. El caso quedó sin resolver. Para 2014, a Gómez Reyes le volvían asignar un caso complicado: el homicidio de Salgado Burgoin. Dos días después del asesinato, en un evento que daría esperanzas a la familia al inicio de las investigaciones, la Tacoma blanca apareció abandonada en un callejón, sin embargo, no se hizo ningún arresto. Más de 40 personas, entre familiares y colegas, se organizaron en tres manifestaciones para exigir justicia a través de una investigación expedita. Los meses pasaron y las elecciones para gobernador se celebraron. Ponce Beltrán perdió. De cualquier manera, la ex alcaldesa de La Paz recibió una diputación plurionimal por el PRI en el Congreso federal; es decir, pasó de inmediato a un puesto con fuero.

En 2015, en La Paz, arrestaron a un sicario que trabajaba para el Cartel de Sinaloa, pero no le presentaron cargos por el asesinato de Salgado Burgoin. Un año más tarde, Gómez Reyes fue designado Subprocurador de Investigaciones Especiales. Poco después, al menos tres narcomantas aparecieron en La Paz señalando a Gómez Reyes, el encargado de resolver el asesinato del policía, de tener vínculos con el Cartel de Sinaloa. Las narcomantas decían que el subprodurador le debía 5 millones de pesos al cartel por limpiarle la plaza. Gómez Reyes renunció, pero en cuestión de semanas un Nissan Sentra rojo pasó por su casa y se estacionó a esperarlo. El ex detective llegó de hacer ejercicio y encontró a dos hombres en la banqueta. Uno hablaba por teléfono y el otro lo estaba esperando con una pistola en la mano izquierda. Lo mataron de cuatro balazos afuera de su casa.[251]

En febrero y marzo de 2021, la ex alcaldesa promovió dos amparos para impedir que la detuvieran, a inicios de año, un juez federal del Sistema Penal Acusatorio expidió una orden de aprehensión en su contra. Se le negaron ambos amparos y el delito del cual se le acusa no es público, sin embargo, la exalcaldesa no ha sido detenida.[252] Al momento en que este libro se fue a imprenta, el homicidio del ex policía Juan Antonio Salgado Burgoin seguía sin resolver, a pesar del testimonio ofrecido en la corte de Nueva York.

Antes de ser asesinado, Salgado Burgoin buscó una solución independiente a sus problemas laborales. Reunió a sus colegas y juntos fundaron una asociación civil: la Unión de Policías Municipales. Ese fue el legado del policía, según explica Arturo Rubio, un abogado de derechos humanos de La Paz que representó a Salgado Burgoin durante esos años. A través de la Unión de Policías Municipales, los oficiales podían obtener acceso a asesoría legal y representación en caso de necesitar resolver disputas laborales. Los policías en México tienen prohibido sindicalizarse, según la legislación mexicana, lo que les impide tener representación legal y negociar de manera colectiva, pero lo que sí pueden hacer es agruparse en una asociación civil donde cada miembro pague una cuota, creando un fondo común que se usa para contratar abogados individuales cuando alguno de ellos lo necesite. En lugar de pagar $5,000 al mes por persona, los policías pagaban $50 a la asociación, que a su vez se encargaba de proteger a quien lo necesitara cuando fuera necesario.

***

Como presenté en los otros casos de este libro, los asesinatos de periodistas en México no están motivados por la censura informativa.

Estos ataques responden a otra lógica, una más parecida al castigo por incursionar en la participación política de sus comunidades. Los reporteros locales mexicanos que son asesinados escribían sobre lo que pasaba en sus comunidades, aunque muchas veces esta información no era descubierta por los periodistas y, en algunos casos, no se trataba de información secreta. Por el contrario, la información sobre la que escribían o hablaban hacían referencia a cosas que la comunidad ya sabía. El tomar postura era lo que hacía su trabajo peligroso.

El periodismo local de estas víctimas de homicidio denunciaba lo que no estaba bien desde una posición de influencia y respeto hacia la comunidad. Los periodistas asesinados también eran líderes sociales: gente admirada en sus pueblos. Tenían la capacidad de influir en la opinión pública. Su visión del contexto local y del estado de las cosas tenía un peso importante. De manera explícita o implícita, su trabajo invitaba a sus audiencias a no conformarse. Cuestionaban al poder y hacían llamados abiertos a la participación, a la demanda y exigencia de cambios. En un país donde el poder político y criminal dominan cientos de pueblos de manera abierta y arbitraria, el cuestionamiento a dicho poder no es bien recibido por quien lo acapara. Gracias a los elevadísimos niveles de impunidad, es mucho más fácil eliminar a los críticos que enfrentarlos por vías institucionales.

Salgado Burgoin, hijo de un taxista de Todos Santos, y de una ama de casa de San José, no era un periodista de formación ni se describía como uno. Sus hermanas fueron maestras y sus hermanos trabajaron en el ejército. Desde su experiencia en la policía, denunciaba las malas condiciones laborales en redes sociales y señalaba a la alcaldesa y sus amigos por abuso de poder y corrupción, una labor profundamente similar al de los periodistas locales asesinados en México. Tal como sería insuficiente decir que en México a los periodistas los asesinan sólo por "exponer la verdad", también sería engañoso decir que a Salgado Burgoin lo mataron por ser un policía municipal. El problema con las categorías discretas que usamos para clasificar a la gente es que nos hacen pensar que son excluyentes: o eres un activista o un periodista, o eres un policía o un reportero, pero no puedes ser ambas.

Salgado Burgoin era un policía municipal y también era un líder social. Era alguien que exigía sus derechos como empleado, un ciudadano activo e involucrado en el debate público. Era un activista luchando por derechos laborales. Era un reportero ciudadano. Lo asesinaron por todo lo que era, por el papel que tenía para la comunidad de La Paz en un momento de cambio político, ajustes de alianzas, aumento en la criminalidad, pero no por una única de esas razones aisladas. Después de su muerte, familiares y amigos publicaron una adaptación de la canción "A quién le pregunto", de Diana Reyes, dedicada al policía:[253]

Cuando siento que nada es igual
es porque faltas tú
hoy en día todo es diferente
no he podido aceptar el presente
haces falta aquí.

Cuando miro pasar las patrullas
te imagino a ti
te gustaba andar por las calles
cuidando de toda la gente
solamente tú
solamente tú.

Y a quién le pregunto
qué ha pasado contigo
por qué motivo

decidiste partir
y a quién le pregunto
en dónde te encuentras
quiero una respuesta
para el corazón
que alivie este dolor.

Estos crímenes contra periodistas locales, reporteros ciudadanos, activistas o defensores, tienen un impacto brutal en sus comunidades. Como he propuesto, están dirigidos a desincentivar la participación política. El asesinato de periodistas locales en México no tiene como propósito silenciar historias periodísticas, tiene como propósito ahogar una creciente crítica social de ciudadanos interesados en participar en debates públicos y demandar rendición de cuentas. Una persona cercana al policía, quien solicitó anonimato por seguridad, aseguró:

> De hecho, fue un golpe fuerte para la sociedad también, porque meses antes [él] se volvió más conocido por las situaciones que vivía en el trabajo y que hizo públicas. Empezó a gritar en las noticias lo que vivían, la injusticia que experimentaban y todo eso llevó a que perdiera la vida. Fue injusto para nosotros [sus seres queridos] e injusto para sus colegas del trabajo también, porque para ellos también fue dolorosa su pérdida.

Su asesinato está mucho más relacionado con la libertad de expresión, entendida más allá de la libertad de prensa, que con su labor policíaca o el riesgo en el que pudiera incurrir realizando la misma.

A Salgado Burgoin lo asesinaron por exponer y denunciar las condiciones laborales de la policía municipal, por tomar postura respecto a la corrupción que observaba entre los directivos de su institución y el gobierno de la alcaldesa. Lo asesinaron por levantar la voz, mediante el uso de medios para comunicar sus exigencias, desde la posición de autoridad que tenía en su comunidad. Lo mataron porque la gente lo seguía y porque él daba voz y visibilidad a las exigencias de decenas de policías, influyendo en la opinión pública del municipio. Lo que el policía hizo no fue muy diferente de lo que empezaba a hacer una periodista de Tijuana, en el estado vecino del norte, un año antes.

***

En 2013, un año antes del homicidio del policía, la periodista María de Lourdes Maldonado López inició un proceso legal en Tijuana, Baja California. Se trataba, al igual que el policía, de una demanda laboral por despido injustificado contra la empresa para la que trabajaba. La empresa, Primer Sistema de Noticias (PSN), una de las marcas de Media Sport de México S.A de C. V., pertenecía a Jaime Bonilla Valdez, quien en ese entonces era diputado por representación proporcional de Baja California del Partido del Trabajo (PT) en el Congreso de la Unión.

La demanda se alargó durante años, en los que el tribunal falló a favor de la periodista, pero después reculó y le dio la razón a Bonilla Valdez. Ella objetó la resolución y el caso siguió. Seis años después de iniciado el proceso, el 26 de marzo de 2019, Maldonado López acudió a la mañanera del presidente López Obrador en la Ciudad de México para pedirle ayuda. Para entonces, Bonilla Valdez terminó su periodo como diputado y era Senador por Morena, pero estaba de licencia para participar en la campaña electoral para gobernador de Baja California, que estaba por empezar.[254]

En la mañanera, con el cabello largo, negro y rizado, la reportera tomó el micrófono y con voz firme le dijo al presidente:

> Vengo también aquí para pedirle apoyo, ayuda y justicia laboral, porque hasta temo por mi vida; porque se trata de un pleito que tengo seis años con él y que salió el laudo a mi favor en la junta federal de conciliación, sin embargo, hace poco regresaron el expediente y en tres semanas salió en mi contra absolutamente, entonces vengo aquí a pedir ese apoyo, esa justicia y lo hago porque se trata de un personaje fuerte en política que no pretende pagarme ni mucho menos, ya hasta metí un amparo, pero lo hago porque se trata de su Senador con licencia, de su súper coordinador de delegaciones y su candidato, próximo candidato a la gubernatura, el licenciado Jaime Bonilla.[255]

López Obrador le aseguró que le pediría a su coordinador de comunicación social que la atendiera, que la apoyara, "para que se pida justicia, que no haya influyentismo, que se actúe", dijo.

Tres años más tarde, después de la victoria de Bonilla Valdez como candidato a gobernador y de que su administración de dos años hubiera terminado, el caso se resolvió. Después de nueve años en el proceso legal, la periodista había ganado. La Junta Especial de Conciliación y Arbitraje ordenó el embargo mercantil de Media Sport de México S.A de C. V. y dio la orden de entregar la empresa a la demandante, Lourdes Maldonado López, con las constancias de afiliación del personal al Sistema de Ahorro para el Retiro, el Infonavit y la inscripción de los empleadoss al IMSS para el periodo de 2006 a 2013. Con esa decisión de la Corte, la periodista ganaba aproximadamente medio millón de pesos.[256]

El 19 de enero de 2022, Maldonado López anunció el resultado del proceso legal afuera de las oficinas de la empresa. En entrevista con Octavio Fabela Ballinas de Esquina32.info y junto a su abogado laboralista, Eduardo Edmar Pérez Castro, explicó la situación:[257]

Eduardo Edmar Pérez Castro: El día de hoy venimos a hacer un requerimiento de pago al ingeniero Jaime Bonilla Valdez.

Lourdes Maldonado López: Que sabemos que aquí está en su oficina…

Eduardo Edmar Pérez Castro: Se negaron a salir a atendernos. Se requirió la presencia de algún abogado, de algún apoderado de la empresa PSN. Se encuentran adentro. Están escondidos. Se negaron a bajar. Se procede, en ese momento, a declarar embargado el giro mercantil de PSN.

Lourdes Maldonado López: O sea, ya está embargado.

Eduardo Edmar Pérez Castro: Está embargado. Se va a constituir como depositaria interventora de la caja a la hoy actora.

Lourdes Maldonado López: A mí.

Eduardo Edmar Pérez Castro: Y se va a requerir a la empresa para que le entreguen todos los documentos contables. Incluyéndose el pago del salario, las altas del seguro social, para acreditar que están todos los trabajadores dados de alta en el seguro social. Si hay omisiones, ella está obligada, por ley, a informar a las instituciones la omisión en la que está incurriendo la empresa PSN. Al momento de declararse embargado el giro PSN, la empresa deja de tener el control total de la empresa y pasa al poder.

Lourdes Maldonado López: A mí.

Eduardo Edmar Pérez Castro: Aquí van a tener a una periodista atendiendo a una empresa de periodistas.

Octavio Fabela Ballinas: ¡Por fin! Porque el ingeniero Bonilla ni ingeniero es.

Lourdes Maldonado López: Pero yo sí soy periodista. ¿Qué quiere decir esto? Que esta empresa la tengo yo. Está en mi poder y yo la voy a manejar. Y yo soy la que voy a saber que nunca pagó seguro social, que nunca pagó Infonavit y que nunca pagó Afore y que no existe nómina de empleados porque les pagan en sobrecitos. Así es. Eso es. Yo soy la depositaria ya. Ya está embargada

PSN. Y soy la depositaria. Nada más falta que venga a tomar poder y los corra de la oficina y me tengan que entregar los papeles y yo los revise y los denuncie por las irregularidades que se han cometido en esta empresa. Que yo sé, y me consta, que no pagan nada, ni impuestos. No quisieron por la buena… y no es por la mala; es por lo que corresponde.

Cuatro días después de esa entrevista, el 23 de enero de 2022, la periodista murió asesinada. Estaba sentada en su Hyundai Atos color rojo afuera de su casa cuando llegaron dos hombres caminando. La estaban esperando en un taxi que los llevó al domicilio de Maldonado López. Dispararon un tiro, certero, que la mató después de perforar el vidrio del coche y pegarle en la cara por la mejilla.

El día después del homicidio, Bonilla Valdez declaró en entrevista que él no tenía nada que ver con el homicidio de la periodista.[258] Mandó sus condolencias a los deudos y dijo que se había enterado del homicidio la noche del 23 estando en su casa con su hijo.

El 9 de febrero la policía estatal detuvo a tres presuntos culpables por el homicidio. Ocho meses después, el 26 de octubre de 2022, el fiscal especializado en delitos contra la libertad de expresión de la Fiscalía General del Estado presentó pruebas, en una audiencia, contra los tres hombres detenidos por el homicidio de la periodista y cuyo proceso penal inició el día de su detención en febrero. Después de cinco horas de audiencia, los tres autores materiales (de 19, 23 y 30 años de edad) recibieron 20, 20 y 24 años de prisión como pena por el homicidio.[259] Ahí mismo decidieron adherirse a un procedimiento abreviado, lo que significó que admitieron su culpabilidad y renunciaron a la posibilidad de apelar sus sentencias. El procedimiento abreviado también se tradujo en que la jueza no indagó más sobre los motivos del crimen. No les preguntaron quién los mandó a matar a la periodista. No les preguntaron por qué.

Después se hizo público que los tres asesinos materiales, cobraron 3 mil dólares cada uno por el homicidio y trabajaban para una célula del crimen organizado. En una declaración absurda, la fiscalía del estado comentó que no descartan que la admirada periodista de 67 años hubiera tenido un pleito personal con los narcomenudistas. Otra línea de investigación considera a Bonilla Valdez como posible responsable, ya que se le señala por estar involucrado en un desfalco de 12 mil millones de pesos al erario, sin embargo, terminando su periodo como gobernador, el político recibió una posición de representación proporcional en el Congreso, posición que le confiere fuero político, razón por la cual no se le puede investigar.[261]

***

Es difícil decir que el asesinato de Maldonado López está relacionado con su trabajo periodístico de la manera tradicional en que hemos aprendido a entender esa explicación. Parecería que su muerte, como la del policía Salgado Burgoin, estuvo más relacionada con su larga lucha por hacer valer sus derechos laborales, pero no podemos entender el asesinato de Maldonado López sin tomar en cuenta su papel como periodista. Si no hubiera sido reportera, quizá la demanda laboral nunca hubiera llegado a ser del conocimiento del presidente de la república, tal vez sin ser reportera, nunca se hubiera parado en La mañanera. Si no hubiera sido periodista, el caso de Maldonado López no habría tenido tanta visibilidad. Tampoco hubiera recibido cobertura por parte de medios locales por sus compañeros, quienes la admiraban y respetaban. Si el caso hubiera pasado desapercibido, no hubiera tenido la capacidad de arengar el descontento social; no hubiera puesto en evidencia al propietario de PSN; no hubiera representado un cuestionamiento público al poder. En otras palabras, quizá a Maldonado López no la mataron por el contenido de una nota periodística o una investigación en ciernes que descubría información delicada, pero su homicidio, propongo, sí estuvo motivado por su interés en transparentar información desde el papel que tenía en su comunidad como reportera reconocida y aguerrida, que no estaba dispuesta a quedarse callada.

También es cierto que Maldonado López amenazó con publicar información sobre la empresa PSN, que era privada o desconocida antes del embargo de la misma. En ese sentido, es posible entender su homicidio como un acto de censura, pero argumento que esa amenaza de publicación tuvo mucho más peso por el carácter de autoridad que tenía la periodista en su comunidad, así como la habilidad de encausar la frustración de sus compañeros por las malas condiciones laborales en el oficio periodístico. Si una persona desconocida hubiera ganado esa misma demanda laboral sin capacidad de liderazgo y sin una base de seguidores que podían ampliar su mensaje, probablemente no hubiera representado un riesgo que amenazara con publicar información fiscal de la empresa embargada.

"Era una mujer guerrera, y más en una época en la que las periodistas eran relegadas a cubrir espectáculos y sociales en un estado totalmente machista. Ella se había convertido en una voz de la gente, abriendo el micrófono para gente de la periferia, los migrantes… Fue un ejemplo para todos nosotros", dijo en entrevista para BBC la reportera originaria de Tijuana, Laura Sánchez Ley, sobre Maldonado López después del homicidio. Este crimen, con los homicidios del fotoperiodista Margarito Martínez en Tijuana, Baja California el 17 de enero de 2022 y del comunicador José Luis Gamboa Arenas en Veracruz el 15 de enero del mismo año, detonó la organización de protestas en 27 estados del país,[262] uniendo a reporteros de distintas regiones en torno a una misma exigencia: la demanda de justicia.[263]

Juan Antonio Salgado Burgoin:

- ☑ Periodista ciudadano/a o reportero/a local.
- ☑ Respetado/a por su comunidad.
- ☑ Con la capacidad de promover la participación social.
- ☑ Tomó postura frente a un hecho.
- ☑ Cuestionó al poder (político o criminal) y su narrativa.
- ☑ El poder estaba atravesando un periodo de inestabilidad.

María de Lourdes Maldonado López:

- ☑ Periodista ciudadano/a o reportero/a local.
- ☑ Respetado/a por su comunidad.
- ☑ Con la capacidad de promover la participación social.
- ☑ Tomó postura frente a un hecho.
- ☑ Cuestionó al poder (político o criminal) y su narrativa.
- ☑ El poder (económico) estaba atravesando un periodo de inestabilidad (creado por ella).

Notas

[236] Colectivo Pericú. 2014. «Atentado comandante Burgoin La Paz». Colectivo Pericú (blog). 21 de febrero de 2014. https://colectivopericu.net/tag/atentado-comandante-burgoin-la-paz/.

[237] Colectivo Pericú. 2011. «Peña Nieto reconoce a Esthela Ponce». Colectivo Pericú (blog). 3 de abril de 2011. https://colectivopericu.net/2011/04/03/pena-nieto-reconoce-a-esthela-ponce/.

[278] Rebolledo, Rodrigo. 2011. «Defiende alcaldesa designación del titular de la Policía: "es militar, pero es sensible y es paceño"». Peninsular Digital. 3 de mayo de 2011. https://peninsulardigital.com/2011/05/02/defiende-la-alcaldesa-designacion-del-titular-de-la-policia-municipal-"es-militar-pero-es-sensible-y-es-paceno"/.

[239] Página personal. «Juan Antonio Salgado Burgoin». Facebook. Accedido 3 de marzo de 2023. https://www.facebook.com/juanantonio.salgadoburgoin.31.

[240] Salgado, Juan. 2013. «se le pide intervencion a la presidenta municipal de la paz». Youtube. https://www.youtube.com/watch?v=1qk1yX3E5e8.

[241] Fondevila, Gustavo, y Meneses, Rodrigo. 2017. «El rol del policía municipal en México. Trabajo social y mediación de conflictos». Gestión y política pública 26 (1): 139-65.

[242] Philipson, Daniela. 2019. «Local Police Forces in Mexico Are Poor». Kennedy School Review (blog). 14 de marzo de 2019. https://ksr.hkspublications.org/2019/03/14/local-police-forces-in-mexico-are-poor/.

[243] Arista, Lidia. 2019. «Carecen de policía 650 municipios, otros cuentan con menos de 15 elementos». *Expansión*. 21 de octubre de 2019. https://politica.expansion.mx/mexico/2019/10/21/carecen-de-policia-650-municipios-otros-cuentan-con-menos-de-15-elementos.

[244] Entrevista con funcionario público de Loreto, Zacatecas.

[245] Hamilton, Keegan. «Text messages between El Chapo and Damaso Lopez». s. f. Accedido 3 de marzo de 2023. https://www.documentcloud.org/documents/5691417-Text-messages-between-El-Chapo-and-Damaso-Lopez.html.

[246] Martinez, Manuelópez. 2014. «Carta a la Ciudadania !! De Juan Antonio Salgado Burgoin...a Esthela Ponce». Facebook. 28 de abril de 2014. https://www.facebook.com/photo/?fbid=655939944442950&set=a.263016903735258.

[247] Imagen Noticias. 2014. «Pelea entre policías en La paz, Baja California (VIDEO) / Policías VS policías». Youtube. https://www.youtube.com/watch?v=SDJlcB_pa_M.

[248] Salgado, Juan. 2014. «RATATELA ESTA ENOJADA ME JAQUEO PERO AY VAMOS DE NUEVO QUE LA CIUDADANÍA SE ENTERÉ QUIEN REPRESENTA EL MUNICIPIO DE LA PAZ BCS». Facebook. 19 de febrero de 2014. https://www.facebook.com/photo.php?fbid=1379915022279563&set=pb.100007832347860.-2207520000..&type=3.

[249] Salgado, Juan. 2014. «Ciudadanos de bcs. Si saben donde se van a estar presentado estos tres traidores me avisan por favor, para apoyarlos con mi manta, gracias, su amigo burgoin al servicio de la ciudadanía...». Facebook (publicación y video). 20 de febrero de 2014. https://www.facebook.com/photo/?fbid=1381110225493376&set=a.1379915045612894%2C.

[250] Redacción. 2014. «Ex policía de La Paz acude ante Derechos Humanos». BCS Noticias (blog). 13 de febrero de 2014. https://www.bcsnoticias.mx/ex-policia-de-la-paz-acude-ante-derechos-humanos/.

[251] Investigaciones ZETA. 2016. «Las hipótesis». *Semanario ZETA*. 5 de julio de 2016. https://zetatijuana.com/2016/07/las-hipotesis/.

[252] Investigaciones MetropoliMx. 2021. «Ordenan captura de Esthela Ponce tras negativa de amparo». MetrópoliMx (blog). 11 de octubre de 2021. https://metropolimx.com/ordenan-captura-de-esthela-ponce-tras-negativa-de-amparo/.

[253] Proyecto Fama. 2014. «A quien le pregunto/BY Irdvin Cedeño». Youtube. https://www.youtube.com/watch?v=pRbjSATddWY.

[254] Aparicio, Beatriz. 2019. «Candidatos a Gobernador de Baja California 2019». Alcaldes de México (blog). 23 de abril de 2019. https://www.alcaldesdemexico.com/notas-principales/candidatos-a-gobernador-de-baja-california-2019/.

[255] *El Universal.* 2022. «"Temo por mi vida"; la periodista Lourdes Maldonado pidió ayuda a AMLO en el 2019». Youtube. https://www.youtube.com/watch?v=j-p_ekM4WAY.

[256] La Junta Especial 59 de la Federal de Conciliación y Arbitraje en el expediente 1359/2013 CA 521/2021.

[257] PeriodismoNegro.Mx. 2022. «Embargan negocio de exgobernador por adeudo laboral». Youtube. https://www.youtube.com/watch?v=yMV9PGAIA9Q.

[258] López-Dóriga. 2022. «Lamenta Jaime Bonilla el asesinato de Lourdes Maldonado y rechaza estar involucrado». Youtube. https://www.youtube.com/watch?v=G-F7qkguM2-E.

[259] Ramos, Inés. 2022. «Sentencian a homicidas de Lourdes Maldonado con 20 y 24 años en prisión». Punto Norte. 26 de octubre de 2022. https://puntonorte.info/2022/10/26/sentencian-a-homicidas-de-lourdes-maldonado-con-20-y-24-anos-en-prision/.

[260] Ramos, Inés. 2022. «Estos son los homicidas de Lourdes Maldonado, se dedicaban al narcomenudeo y ejecuciones». Punto Norte. 27 de octubre de 2022. https://puntonorte.info/2022/10/27/estos-son-los-homicidas-de-lourdes-maldonado-se-dedicaban-al-narcomenudeo-y-ejecuciones/.

[261] *MILENIO*. 2022. «Una línea de investigación del asesinato de Lourdes Maldonado conduce a Jaime Bonilla». Youtube. https://www.youtube.com/watch?v=Mc85e-GYKCnc.

162 Expansión Política. 2022. «#PrensaNoDisparen: las protestas en México por el asesinato de tres periodistas». *Expansión*. 25 de enero de 2022. https://politica.expansion.mx/mexico/2022/01/25/protestas-por-asesinato-tres-periodistas-en-mexico.

[163] González, Marcos. 2022. «Lourdes Maldonado: quién era la periodista asesinada en México (y por qué había pedido ayuda a AMLO)». BBC News Mundo. 24 de enero de 2022. https://www.bbc.com/mundo/noticias-america-latina-60119803.

EPÍLOGO

Hay muchos casos de violencia contra periodistas en México que no se incluyeron en este libro. Algunos son homicidios, como los de este texto, pero otros son intentos de homicidio, amenazas o intimidaciones. Dentro del segundo grupo, hay eventos muy conocidos, como el allanamiento a las oficinas de Aristegui Noticias en 2016, cuando un grupo de hombres drogaron al guardia del edificio de la redacción y lo encañonaron con un arma para forzar la entrada a las oficinas y buscar entre las cosas de los reporteros;[254] la amenaza contra la periodista Azucena Uresti, presentadora del noticiero vespertino de *Milenio*, de parte del Cartel Jalisco Nueva Generación (CJNG) en 2021, donde le exigen detener su cobertura sobre la batalla contra los cárteles rivales en Michoacán;[265] el video publicado en redes sociales en 2017 donde se ve una persona disparando de espaldas a un blanco con la foto de la cara del periodista Héctor de Mauleón y la nota amenazante que le dejaron en su casa en 2020;[266] [267] el uso del *software* de espionaje de la empresa

Pegasus por parte del gobierno de Enrique Peña Nieto para espiar al periodista Rafael Cabrera en 2016;[268] o el atentado contra Ciro Gómez Leyva a finales de 2022 en el que un grupo de hombres lo siguieron en una moto y dos coches hasta disparar contra su coche blindado,[269] por nombrar algunos.

Estos casos no son parte del libro, en primer lugar, porque se trata de Las y Los Periodistas, así con mayúscula, que claramente fungen un papel informativo y cuyos roles comunitarios no se desbordan a otras categorías. Pero precisamente es en esos otros casos, donde las personas tienen múltiples funciones sociales, donde hay que poner atención. En segundo lugar, esos casos no forman parte de este libro porque este es un libro de violencia letal y, por fortuna, los periodistas anteriormente mencionados no fueron víctimas de homicidio, pero sí nos permite entender que México es un país donde sus periodistas sufren una diversidad de violencias. Estos casos más conocidos no forman parte de este libro porque difieren de los analizados en dos aspectos cruciales: la violencia que se ejerció en estos casos conocidos era principalmente intimidatoria y visible y, por lo mismo, las amenazas, aquí sí, estaban relacionadas con censura informativa. En el caso de Aristegui Online, los hombres pasaron frente a las cámaras en varias ocasiones, permitiendo que quedara grabación de su invasión en el espacio de trabajo de los periodistas. En los videos se les puede ver abriendo cajones y buscando entre las pertenencias, lo que genera una sensación escalofriante. Se llevaron una computadora con información delicada de una investigación periodística del medio. [270] La amenaza que recibió Uresti se hizo viral a las pocas horas de que la publicaran en redes sociales, lo que parece indicar que querían intimidar de manera pública e incluían en la amenaza su demanda: que dejara de cubrir eventos relacionados al CJNG. Lo mismo sucede en el caso de Héctor de Mauleón, el video se publicó a través de redes sociales, buscaba intimidar, asustar y hostigar al periodista. Los únicos casos que no cumplen ambos criterios, pero sí uno de ellos, son el espionaje del que fue víctima Cabrera y la balacera que sufrió Gómez Leyva. El caso de Pegasus es distinto porque no fue una amenaza o un hostigamiento abierto, al contrario, se utilizó un *software* especial para ocultar el hecho de que lo estaban espiando. Pero precisamente por eso, sí podemos inferir que una de las cosas que los perpetradores buscaban era encontrar o controlar información a la que tenía acceso el reportero. En el caso de Gómez Leyva las investigaciones de la fiscalía de la Ciudad de México han apuntado a que se trataba de un grupo relacionado al CJNG que lo estuvo vigilando por más de una semana, pero no se conocen más detalles al respecto. Estos casos no son parte del libro porque, si bien dan cuenta de otro tipo de violencia contra la prensa, no son casos donde se haya recurrido directamente a la violencia letal y, propongo, son casos donde sí se buscaba censurar la información a la que los periodistas tenían acceso o estaban investigando.

Los casos presentados en este libro son cuatro, pero están pensados para ilustrar decenas de casos similares donde reporteros locales y periodistas ciudadanos fueron asesinados en el país con características más o menos iguales. Casos de periodistas que cuestionaban al poder y convocaban a la demanda de cambios. Aquí planteé que esos crímenes no responden a la censura informativa, sino al castigo y a la dominación. Bajo esa lógica, los asesinos buscaron someter a aquellos que, desde su rol comunitario, amenazaron la estabilidad de los poderosos. Como escribió la autora Marisol Cano Busquets en su tesis *Violencia contra los periodistas*, "quienes ejercen actos de violencia contra los periodistas tienen la intención de demostrar su capacidad de dominación sobre el otro, en la idea de conservar o instaurar determinadas estructuras de poder".[271] Para que exista la intención de mantener las estructuras de poder, significa que hubo una disrupción o un acto que las cuestionó.

Propongo otro elemento de este mecanismo para futuras discusiones. Supongamos, sin conceder, que los asesinos intelectuales de los reporteros son los que señalan las ordenes de aprehensión, evidencia contextual, testimonios y amenazas documentadas. Pareciera que quienes los mandan matar lo hicieron con coraje. Existe un elemento de "ponerlos en su lugar", como si, al cuestionar a estos poderosos, los reporteros estuvieran rebelándose o faltando a las normas tácitas de la jerarquía social. Pensemos en Nevith Condés Jaramillo retando y señalando al alcalde de Tejupilco, diciendo que le falta madurar, que no es suficiente hombre para dar la cara, reuniendo a vecinos envalentonados reclamándole públicamente al presidente municipal y potencialmente avergonzándolo al exponerlo y señalarlo, diciendo que no es su culpa que la gente no lo quiera. Recordemos la crónica de Javier Valdez Cárdenas por la que se señala al Mini Lic como autor intelectual, donde llama a Dámaso López Serrano un "narco de utilería", y explica que no tiene los tamaños de su padre para ser un líder del narcotráfico respetado por el pueblo, pensemos en los testimonios anónimos que recabó para sustentar esa posición e imaginemos la reacción del aludido al saberse el hazmerreír de su comunidad, a la que debió imponerse como un líder rudo e implacable en medio de una disputa por el liderazgo criminal. Analicemos el escenario del evento convocado por el delegado federal en Morelos, enviado personalmente por el presidente de la república con el importante encargo de realizar un acto para convencer a la población (o pretender que había convencido a la población) de votar en una consulta para desatorar un proyecto trunco, e imaginemos, en ese contexto, la llegada de Samir Flores Soberanes con un micrófono dispuesto a plantarse frente al delegado para desmentir todo lo que decía y con plena convicción de convencer a la gente de no votar y seguir evidenciando las fallas del proyecto. Pensemos en el policía municipal, Juan Antonio Salgado Burgoin, evidenciando sin cesar, las fallas y deficiencias de la administración de la alcaldesa priista que buscaba probarse con su partido contendiendo por la gubernatura de Baja California Sur; o en la periodista

Lourdes Maldonado López presumiendo que, por fin, podría enseñarle a todo el mundo lo malhecho que era el dueño de la compañía PSN y así confirmar lo que él negó por años después de ganarle en un proceso legal que seguramente él creía controlar a su favor. Más aún, pensemos en los casos de María Elena Ferral y Moisés Sánchez Cerezo, quienes no sólo mostraban todas las deficiencias y abusos de los políticos en sus localidades, sino que estaban dispuestos a enfrentarlos en su propio terreno para desplazarlos, quitándoles el poder, y hacerlo mejor.

Cuando la filósofa Kate Manne escribe sobre la violencia ejercida contra grupos socialmente dominados por otros, dice que, en general, no se necesita una explicación psicológica para entender esa violencia. Los perpetradores de la violencia no tuvieron que pasar por un proceso en el que "deshumanizaran" a sus víctimas, es decir, no es necesario que los atacantes piensen en sus víctimas como sub-humanos o como bestias. Manne propone algo más sencillo que "se puede explicar en términos de las estructuras sociales actuales, relaciones jerárquicas, y normas y expectativas, [que] están profundamente internalizadas y son difíciles de erradicar".[272] De acuerdo a Manne, solemos pensar que para cualquier persona normal sería muy difícil lastimar a alguien inocente, entonces, pensamos que la percepción que tenía el agresor de su víctima tuvo que cambiar para poderla lastimar. "Pero esto ignora el hecho de que los agentes en una posición de dominación social a menudo no parten de una visión neutral o saludable de las cosas. Están perpetuamente envueltos en una especie de ilusión sobre su propia posición social en relación a otra gente y sus respectivas obligaciones, permisos y a lo que tienen derecho", explica. La persona en una posición dominante no considera inocentes a los grupos a los que va a violentar, sino, que pertenecen a un grupo sin acceso o derecho al poder y, bajo ese entendido, hay ciertas acciones que pueden implicar una afrenta como cuestionar la narrativa de los dominantes. "Y la mera presencia de estas personas históricamente subordinadas en roles de prestigio social puede constituir un asalto, bajo la luz de estos órdenes sociales, altamente injustos, pero profundamente internalizados", escribe Manne. Un rol de prestigio social que podía constituir un asalto al orden establecido, como vimos, podía ser el que los periodistas tenían en sus comunidades y usaban para cuestionar a los poderosos. Si analizamos el tono de los reportajes de estos periodistas bajo esta mirada, sus homicidios pueden verse con cierta premura por enseñarles una lección y "recordarles su lugar". Si, efectivamente, los mandaron matar esos personajes, ofendidos por su atrevimiento, entonces éstos no son homicidios planeados a sangre fría ni organizados con meses de antelación. No son crímenes instrumentales que buscan ocultar, recuperar o eliminar un pedazo de información, como una operación quirúrgica. Los homicidios son el fin en sí mismo. El propósito de matar a los periodistas era ese: someterlos, silenciaros, castigarlos, anularlos; no fueron bajas colaterales en un intento por ocultar un pedazo información. El crimen era el mensaje.

Si este mecanismo es correcto, es necesario preguntarnos si esto puede suceder en cualquier lugar del país o en otros países. Probablemente Brasil y Colombia tengan escenarios similares. Propongo que esto sólo puede pasar en localidades donde la transición democrática sigue incompleta, o está teniendo una recesión autocrática, de manera que no hay equilibrio en el poder, ni balance, ni manera de obligar a los poderosos a rendir cuentas. Ahí el poder se ejerce de manera autoritaria y absoluta. Esto les permite ordenar un homicidio, con plena consciencia de que no habrá represalias legales, ni investigación judicial que los castigue. El grupo poderoso es percibido como el dominante frente al resto, que resulta necesariamente subyugado o sometido, y muchas veces resignado a sobrevivir bajo las reglas de los poderosos.

El problema que enfrentan los y las reporteras locales y periodistas ciudadanos del país va más allá de la censura informativa y es mucho más profundo que la libertad de prensa. Los y las periodistas mexicanos, especialmente quienes viven en lugares donde el poder es absoluto, no tienen garantizada su libertad de expresión, pero tampoco su libertad de participación. Como apuntan muchas organizaciones de la sociedad civil, la impunidad y la falta de resolución de estos casos permite que sigan sucediendo, pero mejorar únicamente los índices de sentencias no va a resolver el problema. Para atender esta crisis se debe pensar desde la prevención y, para eso, hace falta entender por qué los matan, qué los motiva. Enfocar todas las herramientas a nuestra disposición para entender por qué el poder local sigue estando tan enquistado en tantas regiones del país y cómo hacer para cambiar la percepción de que, quienes detentan el poder, lo merecen.

Este libro es una manera de rendir tributo a todos los periodistas ciudadanos y reporteros locales del país quienes, día con día, informan a sus comunidades sobre los sucesos cotidianos para ayudarlos a tomar decisiones e invitarlos a participar en los asuntos públicos. Ellos y ellas son quienes van construyendo, con sus reportajes, el primer borrador de la historia de este país desde los cientos de sus rincones. También es un tributo a los 156 periodistas asesinados entre el año 2000 y el 2022 en México y una manera de recordarlos, reconocerlos y re-entenderlos, así como a los 30 desaparecidos, a través de esos trabajos que nos dejaron, a través de sus plumas prodigiosas, de sus videos enérgicos, de sus reclamos incansable, de sus ocurrencias en cámara, de sus voces viajando por frecuencias de radio. Este libro es una manera de decir: aquí estuvieron, existieron, importaron; y es una invitación a replantearnos lo que entendemos como periodismo y a quiénes imaginamos como periodistas. Es una apuesta para entender lo que motivó a quienes los mandaron matar, para empezar a diseñar, de manera acertada, mecanismos de prevención para que no sucedan otros homicidios similares.

Notas

[264] Redacción AN. 2016. «Así fue el allanamiento a Aristegui Noticias (Video)». Aristegui Noticias. 23 de noviembre de 2016. https://aristeguinoticias.com/2311/kiosko/asi-fue-el-allanamiento-a-aristegui-noticias-video/.

[265] *El Universal.* 2021. «CJNG amenaza a medios de comunicación y a Azucena Uresti por cobertura en Michoacán». Youtube. https://www.youtube.com/watch?v=HF5uS8-xvdw.

[266] *MILENIO.* 2017. «Usan foto de Héctor de Mauleón como blanco en un 'stand' de tiro». Youtube. https://www.youtube.com/watch?v=i-I58K7IujI.

[267] Redacción. 2017. «Dejan amenaza a Héctor de Mauleón en su casa». *El Universal*, 16 de enero de 2017. https://www.eluniversal.com.mx/nacion/seguridad/dejan-amenaza-hector-de-mauleon-en-su-casa.

[268] Carrasco, Jorge, y Tourliere, Mathieu. 2016. «Ciberespionaje a periodistas». *Proceso*, 30 de agosto de 2016. https://www.proceso.com.mx/reportajes/2016/8/30/ciberespionaje-periodistas-169779.html.

[269] NMás. 2023. «¿Cómo fue el atentado contra Ciro Gómez Leyva? Detallan ataque - Las Noticias». Youtube. https://www.youtube.com/watch?v=BurCQLNp7Iw.

[270] Redacción AN. 2018. «¿Qué pasó con las investigaciones del allanamiento a las oficinas de Aristegui Noticias? (Video)». Aristegui Noticias. 23 de octubre de 2018. https://aristeguinoticias.com/2310/kiosko/que-paso-con-las-investigaciones-del-allanamiento-a-las-oficinas-de-aristegui-noticias-video/.

[271] Busquets, Marisol. 2018. *Violencia contra los periodistas: Configuración del fenómeno, metodologías y mecanismos de intervención de organizaciones internacionales de defensa de la libertad de expresión.* Tesis Doctoral, Barcelona: Pontificia Universidad Javeriana. https://www.tdx.cat/bitstream/handle/10803/398139/tmcb.pdf?sequence=1

[272] Manne, Kate. 2016. «Humanism: A Critique». *Social Theory and Practice* 42 (2): 389-415.

AGRADECIMIENTOS

Sin mi familia no tendría el tiempo, la confianza ni la claridad para proponer estas ideas y plasmarlas en un libro. Jorge, gracias por todas las conversaciones sobre este tema y tu retroalimentación, sin importar el día o la hora. Sin el apoyo de mi hermana, mi mamá y mi papá, las conversaciones y los espacios de reflexión, no podría seguir persiguiendo los proyectos que me apasionan. Gracias a todos por la escucha, el enriquecimiento de ideas y las discusiones interminables sobre la realidad del país.

Gracias a mi editor de Aguilar en Penguin Random House, César Ramos, por el espacio para proponer y publicar. También quiero agradecer a Eduardo Huchín por la edición acuciosa y acertada de la primera versión de este manuscrito. Y a mis lectoras, Jimena Vázquez, Daniela Philipson y Oscar Ibarra por sus anotaciones y observaciones; me ayudaron enormemente a mejorar esta propuesta.

Al equipo de The Brown Institute for Media Innovation, Mark, Michael y Juan, quienes me guiaron e impulsaron para construir la semilla de todo esto. Gracias a Ismael Bojórquez y a todo *Ríodoce* por llevarme a las entrañas del juicio contra Guzmán Loera, de donde salieron muchos de los cuestionamientos de las ideas que aquí se plasman. Gracias a mis socias de Defensores de la Democracia (DDLD), Sari Benítez e Inés Carrasco, y las personas que trabajan y han trabajado en la organización, por creer en esa idea que empezó en 2018 en un cubículo de la universidad y ahora es una organización iniciando su segundo año de vida funcional. A quienes continúan apoyando mi trabajo y el de DDLD: Ximena, Bárbara, Carlos, Rodolfo. A todo el equipo y colaboradoras de Voces Silenciadas, temporadas uno y dos, por echarse el clavado conmigo a Tejupilco de Hidalgo, primero, y por, juntxs, asomarnos al mundo de las radios comunitarias después. Gracias Julio, Rosa Amanda, Ana, Sandra, Ruzo, Miguel, Zahira, Siboney, Fatima, Lisette, Luciana y Antonio.

Finalmente, pero no menos importante, gracias a todas las personas que a lo largo de estos años han confiado en mí para compartir sus historias, permitir que las escuchara e intentara comprender lo que les ha pasado en este país.

BIBLIOGRAFÍA

- Calleja, Aleida, y Solís, Beatriz. 2007. *Con permiso. La radio comunitaria en México.* Editores: AMARC-México, AMEDI, Comunicación Comunitaria & CMDPDH. https://library.fes.de/pdf-files/bueros/mexiko/05371.pdf.

- Cruz, Francisco. 2010. *Tierra narca.* Editorial Planeta.

- De Marinis, Mariana. 2019. *Desplazadas por la guerra.* CIESAS: UNAM.

- Gantús, Fausta y Salmerón, Alicia (coords.). 2016. "Introducción: La violencia como parte del juego político-electoral" en *CUANDO LAS ARMAS HABLAN, LOS IMPRESOS LUCHAN, LA EXCLUSIÓN AGREDE...* Instituto Mora y CONACYT. https://atarrayahistoria.files.wordpress.com/2019/10/gantus-y-salmeron-cuando-las-armas-hablan.pdf.

- Ebner, Julia. 2021. *Going Dark: The Secret Social Lives of Extremists.* Bloomsbury Publishing.

- Kate Manne. 2020. *Entitled: How Male Privilege Hurts Women.* Crown.

- Lilián González Chévez. 2020. *Proyecto Integral Morelos: sus impactos sociales y la demanda de justicia hídrica de los ejidatarios del municipio de Ayala, Morelos.* Universidad Autónoma del Estado de Morelos-Centro de Investigación en Ciencias Sociales y Estudios Regionales. http://riaa.uaem.mx/xmlui/bitstream/handle/20.500.12055/1352/proyecto-integral-morelos-compressed.pdf?sequence=1&isAllowed=y.

- Manne, Kate. 2016. *"Humanism: A critique"* en *Social Theory and Practice.* JSTOR.

- Manne, Kate. 2017. *Down Girl: The Logic of Misogyny.* Oxford University Press.

- Meier, Anna. 2020. *The Idea of Terror: Institutional Reproduction in Government Responses to Political Violence.* University of Wisconsin–Madison. 499-509.

- Santamaría, Gema. 2021. «Deadly Rumors: Lynching, Hearsay, and Hierarchies of Credibility in Mexico». Journal of Social History 55 (septiembre): 85-104. https://doi.org/10.1093/jsh/shab037.

- Trejo, Guillermo, y Ley, Sandra. 2022. *Votos, drogas y violencia*. Debate-Penguin. https://www.penguinlibros.com/mx/economia-politica-y-actualidad/285496-ebook-votos-drogas-y-violencia-9786073811620.

ACERCA DE LA AUTORA

Alejandra Ibarra Chaoul es periodista y autora. Dirige y fundó "Defensores de la Democracia", una organización que conserva el trabajo de periodistas y personas defensoras en México para contar sus historias. Fue investigadora visitante en The Brown Institute for Media Innovation, un instituto que vive entre las universidades de Columbia y Stanford, donde desarrolló el primer archivo vivo que agrega y conserva el trabajo de periodistas asesinados en México. *American Journalism*, *Reuters*, *El País*, *La Jornada* y *Reforma* han escrito sobre el archivo como una propuesta innovadora a una crisis longeva.

Como directora ejecutiva de Defensores de la Democracia, Ibarra Chaoul creó y dirige la narrativa vertical de la organización: un podcast de no ficción, *Voces Silenciadas*, que cuenta las historias de periodistas locales y personas defensoras. La primera temporada de *Voces Silenciadas* fue nominada por la Fundación Gabriel García Márquez como una de las 10 mejores coberturas en 2021 para el Premio Gabo. El mismo año, la autora recibió una beca de la UNESCO con la representante de Reporteros Sin Fronteras en México dentro de su programa de apoyo para el periodismo investigativo. Dirigió una investigación multimedia de cinco partes publicada por *El Universal* donde se abordan los vacíos institucionales a los que se enfrentan las familias de periodistas asesinados o desaparecidos en su búsqueda por justicia y reparación. Por esa investigación, Ibarra Chaoul fue finalista del Premio Nacional de Periodismo 2021.

Cubrió los tres meses del juicio contra Joaquín "El Chapo" Guzmán Loera en la Corte de Distrito Este de Nueva York para el semanario sinaloense *Ríodoce*. En 2019, Aguilar publicó *El Chapo*

Guzmán, el juicio del siglo, su crónica del proceso judicial con anotaciones sobre la justicia y sus limitaciones.

Ibarra Chaoul ha publicado en *The Washington Post*, *Gatopardo*, *Letras Libres*, *Rest of World*, *Este País*, *Reforma*, *El Universal*, *Pie de Página*, *Worcester Magazine*, *The Haitian Times* y *Ríodoce*, entre otros. La han entrevistado sobre su trabajo en Univision, CNN Español, UNews, NTN24, El Heraldo TV, El Financiero Bloombebrg y TeleSur. Ha participado en páneles de The Seminar on the Acquisition of Latin American Library Materials, the Friedrich Naumann Foundation en México, la Heinrich Böll Foundation, la Universidad Metropolitana de Londres en su Centro de Investigación de Desigualdades Globales, The Inter-American Dialogue en Washingtonn D.C., el Congreso Internacional de Periodismo Abraji de Brasil, el foro Momento Mexicano organizado por The Harvard Club en Mexico, la Feria Internacional del Libro en Guadalajara y Le Conseil de l'Europe en Estrasburgo, Francia, entre otros.

Antes de recibir el primer financiamiento de Brown en 2018, Ibarra Chaoul trabajó como investigadora para el decano de la escuela de periodismo en la Universidad de Columbia donde obtuvo su maestría en periodismo en 2017. Fue becaria Maria Moors Cabot y *fellow* en el Toni Stabile Center for Investigative Journalism. Ha sido residente remota de la Universidad ArtEz en Holanda e imparte clases de licenciatura en el Instituto Tecnológico Autónomo de México (ITAM), de donde es licenciada en ciencia política.

Causa de muerte: cuestionar al poder de Alejandra Ibarra Chaoul
se terminó de imprimir en el mes de julio de 2023
en los talleres de Diversidad Gráfica S.A. de C.V.
Privada de Av. 11 #1 Col. El Vergel, Iztapalapa,
C.P. 09880, Ciudad de México.